中|华|国|学|经|典|普|及|本

春秋左氏传

〔春秋〕左丘明 著

清宣 译注

中国书店

图书在版编目（CIP）数据

春秋左氏传 /（春秋）左丘明著；清宣译注 . —北京：中国书店，2024.10

（中华国学经典普及本）

ISBN 978-7-5149-3384-0

Ⅰ . ①春… Ⅱ . ①左… ②清… Ⅲ . ①《左传》
Ⅳ . ① K225.04

中国国家版本馆 CIP 数据核字（2024）第 058722 号

春秋左氏传

〔春秋〕左丘明 著　清宣 译注

责任编辑：卢玉珊

出版发行　中 国 书 店

地　　址：北京市西城区琉璃厂东街 115 号

邮　　编：100050

电　　话：（010）63013700（总编室）

　　　　　（010）63013567（发行部）

印　　刷：三河市嘉科万达彩色印刷有限公司

开　　本：880mm×1230mm　1/32

版　　次：2024 年 10 月第 1 版第 1 次印刷

字　　数：130 千

印　　张：7

书　　号：ISBN 978-7-5149-3384-0

定　　价：55.00 元

"中华国学经典普及本"编委会

顾 问（排名不分先后）

王守常（北京大学哲学系教授，中国文化书院
原院长）

李中华（北京大学哲学系教授、博导，中国文
化书院原副院长）

李春青（北京师范大学文学院教授、博导）

过常宝（北京师范大学文学院原院长、教授、
博导，河北大学副校长）

李 山（北京师范大学文学院教授、博导）

梁 涛（中国人民大学国学院副院长、教授、
博导）

王 颂（北京大学哲学系教授、博导，北京
大学佛教研究中心主任）

编写组成员（排名不分先后）

赵 新	王耀田	魏庆岷	宿春礼	于海英
齐艳杰	姜 波	焦 亮	申 楠	王 杰
白雯婷	吕凯丽	宿 磊	王光波	田爱群
何瑞欣	廖春红	史慧莉	胡乃波	曹柏光
田 恬	李锋敏	王毅龄	钱红福	梁剑威
崔明礼	宿春君	李统文		

前言

提到中国史学，《春秋》是绝对不能略过的重要典籍。

《春秋》是我国史学的鼻祖巨作。《汉书·艺文志》记载："古之王者世有史官，君举必书，所以慎言行，昭法式也。左史记言，右史记事。事为《春秋》，言为《尚书》。"《春秋》是我国现存最早的编年体史书，相传为孔子修订。它的主要特点，一是有明了的时间顺序。作者按时序将历史事件排列起来，详略得当，取舍精致。这一点，为后人从时间发展角度系统地研究历史提供了重大便利，具有跨时代的建设性意义。

《春秋》的第二个特点便是记事谨严。所谓谨言，即遣词造句一丝不苟，多加一字，便成赘余。汉代刘歆《移书让太常博士书》有言："及夫子殁而微言绝，七十子卒而大义乖。"正是这种"微言大义"的风格，造就了《春秋》凝练精粹的文字。

《春秋》的微言大义，其弊端在于记事过于简略，在这部史书中，记载一个历史事件，少则三两字，最多也不过四十余字。以如此简短的篇幅，想要将重大历史事件中，具有不同性格、不同特点的人物形象生动具体地刻画出来，显然力不能及。它无法使人从不同国家、不同立场，全方位地了解历史发展的全貌，更无从诠释历史事件背后的深刻内涵。

孔子作《春秋》，除了记载历史的目的，还有匡救时弊、警恶扬善的寓意。但《春秋》的经文简略难晓，每一字、每一言蕴含的褒贬更让普通读者无法捉摸，因此，解读这部经典，便成了后世史学家义不容辞的责任。

在后世的解经文字中，最精粹者当属"《春秋》三传"，即《春秋左氏传》《春秋公羊传》《春秋穀梁传》。到了东汉前期，"经"的范围扩大，连解经的"传""记"等也上升到"经"的地位，"春秋三传"成为经书。宋代以后，《春秋左氏传》成为"十三经"这一儒家经典体系的一部重要著作。

《春秋左氏传》原名为《左氏春秋》，汉代改称《春秋左氏传》，也简称《左传》。相传，《左传》是春秋末年左丘明为解释孔子的《春秋》而作。全书约十八万字，记载了自鲁隐公元年（前722），到鲁哀公二十七年（前468），共计二百五十四年的历史。

《春秋左氏传》根据春秋时期重大的历史事件，主要对春秋诸国战争、外交、内政等各个方面加以记述；同时对各类典章制度、礼仪规范、社会风俗、民族关系、道德理念、天文地理，神话传说、民间歌谣都有记述和评论，内容涉及社会生活的各个方面，可以说是一部展现春秋历史全貌的百科全书。

《春秋左氏传》叙事，很注重完整叙述事件的过程和因果。其中最突出的便是对大型战争的描写，如城濮之战、殽之战、鄢陵之战。作者不局限于对交战过程的记叙，而是在行文过程中，通过事件中重要人物的谈话，对大战爆发的起因、双方你来我往的谋略比拼、孰胜孰败的根源内涵都做了深刻的剖析，对后人全方位地了解历史，理解历史事件背后的意义有重大帮助。

《春秋左氏传》的叙事具有丰富的故事性和戏剧性，它善于在细节描写中彰显人物特点，如写晋公子重耳出亡及返国经过，对公子重耳及其侍从，以及齐、楚、秦等国的国君都有各具鲜明特色的描绘。

《春秋左氏传》善于刻画人物性格，如晋文公的英明睿智；子玉的自信和骄横；子产的善于辞令，敢作敢为。其中的人物描写得十分生动逼真，让读者有身临其境的即视感。

本书节选了《春秋左氏传》的主要篇目，在参照前人注解的前提下，以现代汉语为标准语言，对其名篇进行了注解和翻译，力求做到清晰明了，让读者朋友们顺利阅读。

目录

卷一　隐公（元年—十一年）

郑伯克段于鄢 / 002

周郑交质 / 007

石碏大义灭亲 / 010

臧僖伯谏观鱼 / 013

郑人大败戎师 / 016

郑庄公戒饬守臣 / 018

卷二　桓公（元年—十八年）

楚武王伐随 / 024

臧哀伯谏纳郜鼎 / 027

卷三　庄公（元年—三十二年）

齐桓公与公子纠争国 / 032

曹刿论战 / 034

卷四　闵公（元年—二年）

卫懿公好鹤 / 038

卷五　僖公（元年—三十三年）

召陵之盟 / 042

宫之奇谏假道 / 045

骊姬之乱 / 049

子鱼论战 / 053

重耳出亡始末 / 056

展喜犒齐师 / 067

晋楚城濮之战 / 069

烛之武退秦师 / 084

秦晋殽之战 / 087

齐桓下拜受胙 / 093

阴饴甥对秦伯 / 095

介之推不言禄 / 097

卷六　文公（元年—十八年）

秦穆公杀子车氏三子 / 102

郑子家告赵宣子 / 104

卷七　宣公（元年—十八年）

晋灵公不君 / 110

王孙满对楚子 / 115

晋楚邲之战 / 117

卷八　成公（元年—十八年）

楚归晋知䓨 / 140

吕相绝秦 / 143

晋楚鄢陵之战 / 148

齐国佐不辱命 / 158

卷九　襄公（元年—三十一年）

祁奚举贤 / 164

子罕辞玉 / 166

崔杼弑齐庄公 / 167

蔡声子论晋用楚材 / 173

季札观乐 / 179

子产不毁乡校 / 184

卷十　昭公（元年—三十二年）

伍员奔吴 / 188

子产拒绝祭天 / 192

晏婴论和与同 / 194

子产论为政宽猛 / 197

鱄设诸刺吴王僚 / 199

卷十一　定公（元年—十五年）

申包胥如秦乞师 / 204

吴越檇李之战 / 206

卷十二　哀公（元年—二十七年）

伍员谏许越平 / 210

卷一　隐公

（元年—十一年）

郑伯克段于鄢

【解题】

本文讲的是春秋早年郑国统治者兄弟相争的故事。文章对于战争一笔带过，着重描写了武姜对共叔段的偏爱，导致了共叔段野心的慢慢膨胀。庄公对共叔段故意放任，直到共叔段准备发动叛逆的战争，庄公才发动大军迅速平定了战乱。战争后，庄公被颍考叔的孝心感化，与武姜重归于好。

【原文】

初，郑武公娶于申，曰武姜，生庄公及共叔段。庄公寤生①，惊姜氏，故名曰"寤生"，遂恶之。爱共叔段，欲立之。亟②请于武公，公弗许。及庄公即位，为之请制。公曰："制，岩邑也，虢叔③死焉，佗邑唯命。"请京，使居之，谓之京城大④叔。

祭仲曰："都城过百雉⑤，国之害也。先王之制：大都，不过参国之一；中，五之一；小，九之一。今京不度，非制也，君将不堪。"公曰："姜氏欲之，焉辟⑥害？"对曰："姜氏何厌之有？不如早为之所，无使滋蔓，蔓难图也。蔓草犹不可除，况君之宠弟乎？"公曰："多行不义，必自毙，子姑待之。"

既而大叔命西鄙、北鄙贰于己。公子吕曰："国不堪贰，君将若之何？欲与大叔，臣请事之；若弗与，则请除之，无生民心。"公曰："无庸⑦，将自及。"

大叔又收贰以为己邑，至于廪延⑧。子封曰："可矣。厚将得众。"公曰："不义不暱⑨，厚将崩。"

大叔完聚，缮甲兵，具卒乘，将袭郑，夫人将启之。公闻其期，曰："可矣！"命子封帅车二百乘以伐京。京叛大叔段，段入于鄢，公伐诸鄢。五月辛丑，大叔出奔共。

书曰："郑伯克段于鄢。"段不弟，故不言弟；如二君，故曰克；称郑伯，讥失教也；谓之郑志。不言出奔，难之也。

遂置姜氏于城颍，而誓之曰："不及黄泉⑩，无相见也。"既而悔之。

颍考叔为颍谷封人，闻之，有献于公，公赐之食，食舍肉。公问之，对曰："小人有母，皆尝小人之食矣，未尝君之羹，请以遗之。"公曰："尔有母遗，繄⑪我独无！"颍考叔曰："敢问何谓也？"公语之故，且告之悔。对曰："君何患焉？若阙地及泉，隧而相见，其谁曰不然？"公从之。公入而赋："大隧之中，其乐也融融！"姜出而赋："大隧之外，其乐也洩洩⑫！"遂为母子如初。

君子曰："颍考叔，纯孝也，爱其母，施及庄公。《诗》曰：'孝子不匮，永锡尔类。'其是之谓乎！"

【注释】

①寤生：寤，倒着。寤生，胎儿出生的时候脚先出来，即难产。

②亟（qì）：屡次。

③虢（guó）叔：东虢的国君。

④大：同"太"。

⑤雉：古建筑计量单位，长三丈高一丈为一雉。

⑥辟：躲避。

⑦无庸：不用。庸，同"用"。

⑧廪（lǐn）延：郑国邑名，在今河南延津北。

⑨不义不暱（nì）：多行不义，别人就不会亲近他。暱，同"昵"。

⑩黄泉：一指地下的泉水，一指阴间。后文中，颍考叔巧妙地用一词多义的手法化解了僵局。

⑪繄（yì）：句首语气词，相当于"维"。

⑫洩洩（yì）：自在欢乐的样子。

【译文】

最初，郑武公迎娶了申国的女子为妻，名为武姜，她生下了庄公与共叔段。庄公出生的时候难产，惊吓到武姜，于是武姜给他取名为"寤生"，并因此厌恶他。武姜偏爱共叔段，想让武公立共叔段为太子，并多次向武公请求，武公都不答应。到了庄公成为郑国国君的时候，武姜就代替共叔段向庄公请求以制邑为封地。庄公说："制邑，是个险要的城邑，之前虢叔就是死在那里的，若是要封给他其他的城邑，我都可以听从。"武姜就请求把京邑封给共叔段，庄公答应让共叔段居住在那里，称他为京城太叔。

郑大夫祭仲说："分封的城池，城墙如果超过三百丈，就会变成国家的祸害。先王规定的制度是：国内最大的城池的城墙不能超过国都的三分之一，中等的不能超过它的五分之一，小的不能超过它的九分之一。现在，京城城墙不符合规定，不是先王的制度，您恐怕会忍受不了。"庄公说："武姜想要这样，我如何才能避免这种祸患呢？"祭仲回答说："姜氏哪里会有满足的时候！不如趁早为他安排一个场所，不要让祸患滋生蔓延。如果祸患滋长蔓延，以后就更难办了。蔓延开来的野草尚且很难清除干净，更何况是您那备受宠爱的弟弟呢？"庄公说："不义的事情做多了，必定会自己走向灭亡，你姑且等着看吧。"

之后不久，共叔段把原来属于郑国西边和北边的边城，暗中归为自己掌控。公子吕说："一个国家不能承受两个国君的统治，您现在准备怎么办？如果您打算把郑国交给共叔段管理，那么我请求去侍奉他；如果不给他，那么就请消灭掉他，不要使百姓们产生二心。"庄公说："不需要管他，他自己将会遭到灾祸的。"

共叔段又把那两个边城改为自己掌控的地方，一直延伸到廪延。公子吕说："可以出击了！如果土地变多了，他将会得到更多百姓的拥护。"庄公说："对君王不忠义，对兄长不亲近，土地就算再多，也终将崩溃。"

共叔段修葺城郭，聚集人民，修缮盔甲兵器，准备好了士兵和战车，准备袭击郑国国都。武姜准备作为内应为共叔段开启城门。庄公知道了共叔段袭击郑的日期，说："可以行动了！"于是命令公子吕率领二百辆战车，去攻打京城。京城的人民背叛了共叔段，于是共叔段逃到了鄢城。庄公又追到鄢城攻打他。五月二十三日，共叔段往共国逃去。

《春秋》记载的是："郑伯克段于鄢。"共叔段不遵守做弟弟的本分去敬爱兄长，所以不称他为"弟"；兄弟二人如同两个国君一样打仗，所以用"克"字；把郑庄公称为"郑伯"，是挖苦他对弟弟缺少教化；赶走共叔段是郑庄公的意愿，所以不写共叔段自己出逃，隐含责难郑庄公逼走共叔段的意思。

之后庄公就把武姜放置在城颍，而且发誓说："不到阴间，就不要再见面！"这之后庄公又后悔了。

有个叫颍考叔的人，是颍谷掌管筑城的官员，听说这件事以后，特意向郑庄公进献宝物。庄公赏赐他一起吃饭。颍考叔在吃饭的时候，特意把肉留着。庄公问他为什么要这样做。颍考叔答道："我有母亲，我吃过的东西她都吃过，只是从未吃过君王赏赐的肉羹，请让我带回去孝敬给她吃。"庄公说："你有母亲可以孝敬，唯独我却没有！"颍考叔说："敢问您为什么这么说？"郑庄公把原因告诉给他，并且告诉了他自己后悔的心情。颍考叔回答说："您有什么可担忧的？只要挖掘土地直到挖出泉水，在地道里见面，那谁敢说您违背了誓言呢？"庄公听从了他的话。庄公走进地道去拜见武姜，并赋诗道："在地道里相见，多么快乐和谐啊！"武姜走出地道，赋诗道："走到地道外面，多么快乐舒畅啊！"于是武姜和庄公恢复了母亲和儿子的关系，像从前一样。

君子说："颍考叔，是位纯正的孝子，他不但孝敬自己的母亲，而且把这种孝心推广到郑庄公身上。《诗经》说：'孝子的孝是没有穷尽的，永远都能感化你的同类。'大概说的就是这种事情吧！"

周郑交质

【解题】

顾名思义，本文讲述的是周王室与诸侯国郑国之间交换人质的故事。

交换人质本是同等级诸侯国之间为实现相互信任的目的而施行的手段。周却以王室之尊，与臣下交换人质，可见当时主弱臣强的形势已十分严峻。而交换人质这种方式，显然无法从根本上拯救日渐衰微的周王室，双方再起争执只是时间问题。

本文以陈述的口吻，用事实说话，远胜于夸夸其谈的雄辩。这正是《左传》尤为可贵的精神之一。

【原文】

郑武公、庄公为平王卿士。王贰于虢①，郑伯怨王。王曰："无之。"故周郑交质。王子狐为质于郑，郑公子忽为质于周。王崩，周人将畀②虢公政。四月，郑祭足帅师取温之麦。秋，又取成周之禾。周郑交恶。

君子曰："信不由中③，质无益也。明恕而行，要④之以礼，虽无有质，谁能间⑤之？苟有明信，涧、溪、沼、沚之毛，蘋、蘩、蕴藻之菜，筐、筥、锜⑥、釜之器，潢、污、行潦⑦之水，可荐于鬼神，可羞⑧于王公，而况君子结二国之信，行之以礼，又焉用质？《风》有《采蘩》《采蘋》⑨，《雅》有《行苇》《泂酌》⑩，昭忠信也。"

【注释】

①贰于虢：不专任郑庄公，将一些政事交给虢公处理。

②畀（bì）：给予。

③信不由中：诺言不由内心发出。中，通"衷"。

④要（yāo）：约束。

⑤间（jiàn）：离间。

⑥筥（jǔ）锜（qí）：筥，圆形的竹筐。锜，三只脚的釜。

⑦潢（huáng）污行（háng）潦（lǎo）：潢污，不流动的死水。行潦，道路上的流水。

⑧羞：进献食品。

⑨《采蘩》《采蘋》：《诗经·国风·召南》中的两篇，均写

妇女采野菜以供祭祀。

⑩《行苇》《泂（jiǒng）酌》：《诗经·大雅》中的两篇，均写宴享内容。

【译文】

郑武公、郑庄公都是周平王属下的卿士。平王将郑庄公的权力分给虢公，因此庄公怨恨平王。平王说："我没有偏向虢公。"因此周王室同郑国交换了人质。周派王子狐入郑为质，郑也派公子忽入周为质。平王去世后，周人准备让虢公当政。四月，郑国的祭足率领军队割了周领土内温邑的麦子，秋天又割了成周一代的稻谷，周与郑从此交恶。

君子说："既然诺言不是发自内心的，交换人质也没有用处。如果诚心诚意，互相宽恕谅解地做事，用礼来约束自己，即使没有人质，又有谁能离间他们呢？假设有了诚信，山涧、溪流、沼泽中的小草，浮萍、水藻等水草，竹筐、铁锅一类的器物，或动或静的水，都可以用来供奉鬼神，献给王公，何况君子缔结两国之间的盟约，用礼来做事情，哪里用得着人质呢？《国风》中有《采蘩》《采蘋》，《大雅》中有《行苇》《泂酌》等篇章，都是用来彰显忠信的。"

石碏大义灭亲

【解题】

本文以大量篇幅记载了石碏（què）对庄公的劝谏，彰显了石碏的正气和庄公的昏昧，为石碏的大义灭亲奠定了基础。

保护自己的亲人是人的本能，忠于君王是春秋时期的社会法则。但是，当自己的儿子同谋弑君，违背了坚持的信念时，石碏克制住自己的天性本能，在痛苦中践行了心中的大道，这种品格尤为难得。

【原文】

卫庄公娶于齐东宫得臣之妹，曰庄姜，美而无子，卫人所为赋《硕人》①也。又娶于陈，曰厉妫②。生孝伯，早死。其娣③戴妫，生桓公，庄姜以为己子。

公子州吁，嬖人④之子也，有宠而好兵，公弗禁，庄姜恶之。石碏谏曰："臣闻爱子，教之以义方，弗纳于邪。骄、奢、淫、泆，所自邪也。四者之来，宠禄过也。将立州吁，乃定之矣，若犹未也，阶⑤之为祸。夫宠而不骄，骄而能降，降而不憾，憾而能眕⑥者，鲜矣。且夫贱妨贵，少陵长，远间亲，新间旧，小加大，淫破义，所谓六逆也。君义，臣行，父慈，子孝，兄爱，弟敬，所谓六顺也。去顺效逆，所以速祸也。君人者，将祸是务去，而速之，无乃不可乎？"弗听。其子厚与州吁游，禁之，不可。桓公立，乃老。

四年春，卫州吁弑桓公而立。

州吁未能和其民，厚问定君于石子。石子曰："王觐为可。"曰："何以得觐？"曰："陈桓公方有宠于王，陈、卫方睦，若朝陈使请，必可得也。"厚从州吁如陈。石碏使告于陈曰："卫国褊⑦小，老夫耄⑧矣，无能为也。此二人者，实弑寡君，敢即图之。"陈人执之，而请莅于卫⑨。九月，卫人使右宰丑莅杀州吁于濮、石碏使其宰獳羊肩莅杀石厚于陈。

君子曰："石碏，纯臣也。恶州吁而厚与焉。'大义灭亲'，其是之谓乎！"

【注释】

①《硕人》：《诗经·卫风》中赞美庄姜的诗。

②厉妫（guī）：卫庄公的夫人。

③娣（dì）：妹妹。

④嬖（bì）人：指爱妾。嬖，宠幸。

⑤阶：如阶梯状，一步步的趋势。

⑥眕（zhěn）：镇定自重的样子。

⑦褊（biǎn）：狭小。

⑧耄（mào）：古称七十到九十岁的年纪，形容年老。

⑨请莅（lì）于卫：请求卫国来陈国处理此事。莅，来临。

【译文】

卫庄公娶齐庄公的太子得臣的妹妹为妻，名为庄姜。庄姜美丽却没有孩子，卫国人就为她作了一首《硕人》。此后，卫庄公又娶了一位陈国女子为妻，名为厉妫，她生下孝伯，孝伯却夭折了。随厉妫陪嫁的妹妹戴妫生了卫桓公。庄姜把他当作自己的儿子看待。

公子州吁是庄公宠妾之子，被庄公宠爱，爱好武艺，庄公不加管制。庄姜则反感州吁。石碏向庄公劝谏说："臣听闻，疼爱孩子就该教他做事应遵守的规矩，不要让他误入歧途。骄躁、奢靡、淫乱、放纵是误入歧途的原因。这四种恶习之所以产生，是因为过于宠爱他了。如果您想立州吁为太子，就确定下来；如果不能确定，就会逐渐造成祸端。那种受宠但不骄傲，骄傲却能安分守己，安分守己却不抱怨，抱怨而有度的人，是很少的。况且卑贱者妨害高贵者，年轻人欺凌年老者，疏远者离间亲近者，新人离间旧人，弱者压迫强者，淫乱破坏道义，这是六逆之事。君仁，臣忠，父慈，子孝，兄友，弟恭，这是六顺之事。背离顺者而效法逆者，很快就会招致祸患。身为一国之君，务必要除掉祸患，而今却加速祸患的到来，这恐怕不行吧？"卫庄公不听。石碏的儿子石厚与州吁往来，石碏阻止，但没有用。到卫桓公即位时，石碏就辞官了。

鲁隐公四年春天，卫国的州吁杀了卫桓公，自己即位。

州吁不能稳定卫国民心，石厚便向父亲请教稳定国家的计策。石碏说："能朝见周天子就够了。"石厚问："如何能朝见周天子呢？"石碏答道："陈桓公如今被周天子宠信，陈国和卫国很友好，如果能见到陈桓公，请他向周天子请命，就一定能成功。"石厚随州吁到陈国去。石碏派人通知陈国："卫国国土狭小，我年事已高，不能做什么了。来者二人正是我们国家弑君的人，敢请乘机处置他们。"陈国人抓住了州吁和石厚，并到卫国请人前来处置。这年九月，卫国派右宰丑到濮地杀了州吁。石碏又派家臣獳羊肩去陈国杀了儿子石厚。

君子说："石碏真乃一位纯良秉正的臣子。他痛恨州吁，以至于把儿子也一并杀掉。所谓'大义灭亲'，大概就是说这种事情吧！"

臧僖伯谏观鱼

【解题】

本篇讲述了鲁隐公到棠地看渔民捕鱼的故事。鲁国大夫臧僖伯从传统为君之道出发，劝谏隐公：一个国君的根本责任是管理国家大事，任何举措都要符合古制和国君规范，否则就会导致政治混乱甚至国家败亡。文章通过臧僖伯睿智的语言和严正的立论，完美地将他的高洁品格刻画了出来。

【原文】

五年春，公将如棠观鱼^①者。臧僖伯谏曰："凡物不足以讲大事，其材不足以备器用，则君不举焉。君将纳民于轨物者也。故讲事以度轨量^②，谓之'轨'；取材以章物采，谓之'物'。不轨不物，谓之乱政。乱政亟^③行，所以败也。故春蒐、夏苗、秋狝、冬狩^④，皆于农隙以讲事也。三年而治兵，入而振旅，归而饮至，以数军实。昭文章，明贵贱，辨等列，顺少长，习威仪也。鸟兽之肉不登于俎^⑤，皮革、齿牙、骨角、毛羽不登于器，则公不射，古之制也。若夫山林川泽之实，器用之资，皂隶^⑥之事，官司之守，非君所及也。"

公曰："吾将略地焉。"遂往，陈鱼而观之。僖伯称疾不从。

书曰："公矢鱼于棠。"非礼也，且言远地也。

【注释】

①鱼：通"渔"，捕鱼。

②度（duó）轨量：端正法度。

③亟（qì）：屡次。

④春蒐（sōu）、夏苗、秋狝（xiǎn）、冬狩：四季打猎的名称，也指战斗演习。

⑤俎（zǔ）：古代的一种祭器，用来盛装已杀死的牺牲。

⑥皂隶：古代低贱的差役。

【译文】

鲁隐公五年春天，隐公准备去棠地观看捕鱼。臧僖伯进谏说："凡是不能用于演习、祭祀、军事等大事上的物品，不能制作兵器和农具的材料，国君就不要亲自接触。国君乃是把民众纳入法度准则的人。所以，用演习的行动来检验法度，叫作'轨'，选用材料来显示器物的色彩，叫作'物'。既不合法度，又违背礼乐，就叫作乱政。乱政之事屡有发生，就将导致衰败。所以，四季的狩猎活动都是农闲时用来演习武事的。每三年进行一次军事演练，入城后整顿军队，并到宗庙进行祭告，清点军备和猎获物。同时，标明旌旗，分出贵贱，辨别等级，使长幼有序，这些都是演习的威仪所在！假若鸟兽的肉不能放到祭祀的器具里，它们的皮革、牙齿、骨角和毛羽也不能用于军备等器物，那么君主就不会射杀它们，这是自古以来的规矩！至于山川物产，器物材料，这都是仆役的事情，官吏的职责，而不是国君要亲为的事务。"

隐公说："我准备去巡视边境。"于是前往棠地，让渔民把所有渔具都陈列出来，捕鱼给他观赏。僖伯推说生病，没有随行。

《春秋》说："隐公在棠地陈设渔具。"这是说隐公不合礼法啊，并且讽刺他去的地方离国都很远。

郑人大败戎师

【题解】

战争虽然注重军事实力，但人的特性也是决定战争一方能否取胜的重要方面。郑庄公担心失败，而公子突却分析了戎人的特性，发现可以战胜戎人的方法，采取针对性的作战方式，最终取得胜利。公子突对戎人的正确认识，就是所谓"知己知彼，百战不殆"。

【原文】

北戎侵郑，郑伯御之。患戎师，曰："彼徒我车[①]，惧其侵轶我也。"公子突曰："使勇而无刚者尝寇，而速去之。君为三覆[②]以待之。戎轻而不整，贪而无亲[③]，胜不相让，败不相救。先者见获必务进，进而遇覆必速奔，后者不救，则无继矣。乃可以逞。"从之。

戎人之前遇覆者奔。祝聃逐之，衷戎师，前后击之，尽殪[④]。戎师大奔。十一月甲寅[⑤]，郑人大败戎师。

【注释】

①徒：步兵。车：车兵。

②三覆：分三处设下伏兵。

③无亲：不团结。

④尽殪（yì）：全部消灭。

⑤甲寅：十一月甲寅日，该日不确。

【译文】

北戎入侵郑国。郑庄公率兵抵御，却又担心敌军实力强大，说："他们是步兵，我们是车兵，寡人很担心他们会包抄袭击我们。"公子突说："派遣勇敢而不刚毅的士兵去和戎人作战，一交战就赶紧撤退，国君就分三处设下伏兵等待他们。戎人轻率而不严整，贪婪而不团结，打了胜仗各不相让，打了败仗也各不相救。走在前面的戎人见到有财物俘虏，一定会急于前进，急于前进而遇到伏兵，必然赶快逃跑。走在后面的戎人不去救援，敌兵就没有后继了。这样，我们就可以打赢这场仗。"郑庄公听从了公子突的话。

戎人的前军遇到了郑国的伏兵就慌忙逃跑。祝聃追逐他们，把戎人从中截断，前后夹攻，将他们全部消灭。戎人的后军拼命奔逃。十一月甲寅，郑人大败戎军。

郑庄公戒饬守臣

【题解】

郑庄公是春秋"小霸"，他联合鲁隐公和齐僖公一起进攻许国。攻下许国以后，鲁隐公和齐僖公都不肯接受许国领土，推给了郑庄公。郑庄公不矜功，不贪婪，度德量力，深谋远虑，使许国真心臣服，其所作所为符合礼制。本文是郑庄公对留守许地的臣子所做的两次训戒，从这两次训戒可以看出，郑庄公精明能干，以及他为政的深谋远虑。

【原文】

秋七月，公会齐侯、郑伯伐许。庚辰，傅于许。颍考叔取郑伯之旗蝥弧①以先登，子都自下射之，颠。瑕叔盈②又以蝥弧登，周麾而呼曰："君登矣！"郑师毕登。壬午，遂入许。许庄公奔卫。

齐侯以许让公。公曰："君谓许不共③，故从君讨之。许既伏其罪矣，虽君有命，寡人弗敢与闻。"乃与郑人。

郑伯使许大夫百里奉许叔④以居许东偏，曰："天祸许国，鬼神实不逞于许君，而假手于我寡人。寡人唯是一二父兄不能共亿⑤，其敢以许自为功乎？寡人有弟，不能和协，而使馂其口于四方，其况能久有许乎？吾子其奉许叔以抚柔此民也，吾将使获⑥也佐吾子。若寡人得没于地，天其以礼悔祸于许？无宁兹许公复奉其社稷，唯我郑国之有请谒焉，如旧昏媾，其能降以相从也。无滋他族实偪处此，以与我郑国争此土也。吾子孙其覆亡之不暇，而况能禋祀许⑦乎？寡人之使吾子处此，不唯许国之为，亦聊以固吾圉也"。

乃使公孙获处许西偏，曰："凡而器用财贿，无置于许。我死，乃亟去之。吾先君新邑于此，王室而既卑矣，周之子孙日失其序。夫许，大岳之胤也，天而既厌周德矣，吾其能与许争乎？"

君子谓："郑庄公于是乎有礼。礼，经国家，定社稷，序民人⑧，利后嗣者也。许无刑而伐之，服而舍之，度德而处之，量力而行之，相时而动，无累后人，可谓知礼矣。"

【注释】

①蝥弧（máo hú）：郑庄公旗名。

②瑕叔盈：郑国大夫。

③不共：不恭敬，不服从。

④许叔：许庄公之弟，名郑，谥桓公。

⑤共亿：相安无事。

⑥获：郑国大夫公孙获。

⑦禋（yīn）祀许：敬祭许国的祖先。

⑧序民人：使百姓生活有秩序。

【译文】

秋季七月，鲁隐公会合了齐僖公、郑庄公一起进攻许国。初一这天，三国联军会集在许国的都城之下。颍考叔拿着郑庄公的旗"蝥弧"抢先登城，子都（公孙阏）从城下暗中用箭射他，颍考叔中箭摔下来死了。瑕叔盈又举着"蝥弧"登上城，挥舞着旗帜大声喊道："国君登上城了！"于是郑国的士兵全部登上了城。初三这天，郑庄公进入许国都城。许庄公逃奔到卫国。

齐僖公把许国让给鲁隐公。鲁隐公说："您说许国对周天子不恭敬，所以我才追随您一起征讨许国。现在许国既然认罪了，即使您有这样的命令，我也不敢听从了。"于是就把许国让给了郑庄公。

郑庄公让许国大夫百里辅佐许叔住在许国都城的东部，说："老天降祸给许国，鬼神对许国国君也实在不满，因此借我的手惩罚他。不过我连一两个父老兄弟都不能相安无事，怎敢把讨伐许国当成自己的功劳？我有个弟弟，不能和谐相处，使他在外邦谋生糊口，我怎么还能长久占有许国吗？您要辅佐许叔好好安抚这里的百姓，我打算让公孙获来辅助您。如果我能善终，老天或许会依礼而懊悔，撤销对许国的祸害，愿意让许公重新治理他的国家。那时候只要我郑国对他有所请求，或许他会像对待姻亲一样，降心来相从吧。不要让别国的势力扩张到这里，住在这里，来和我郑国争夺这块土地。我的子孙挽救自己危亡都来不及，又怎么能替你们敬祭许国的祖先呢？我让您住在这里，不仅是为了许国，也是为了巩固我郑国的边疆。"

于是郑庄公就让公孙获住在许国都城的西部，说："你自己的器用财物，不要放在许国都城。我死后，你就离开这里。我的祖先在这里新建城邑没多久，周王室就开始衰微了，我们这些周朝的子孙一天天丢失掉祖先的基业。而许国，是四岳的后代，老天既然已经厌弃了周朝，我怎么还能和许国争夺呢？"

君子说："郑庄公在这件事上合乎礼。礼，是治理国家，安定社稷，使百姓生活有秩序，使后代获利的大道。许国违背了礼法就去讨伐它，服罪了就宽恕它，揣度德行而处理事情，衡量力量而施行决定，看准时机而行动，不连累后人，可以说是懂得礼了。"

卷二　桓公

（元年—十八年）

楚武王伐随

【解题】

常言道：千军易得，一将难求。纵观历史，杰出的人才往往成为决定国家命运的关键所在。在本文中，楚国与随国国力悬殊，而楚之所以不敢伐随，是因为随国的俊杰季梁替国君分析了当时的形势，劝使随君罢兵修政。季梁对国情的分析，体现了"民为贵"的思想，这在春秋时期尤为可贵。

【原文】

楚武王侵随，使薳章①求成②焉，军于瑕以待之。随人使少师董成。

斗伯比言于楚子曰："吾不得志于汉东也，我则使然。我张吾三军，而被吾甲兵，以武临之，彼则惧而协以谋我，故难间也。汉东之国，随为大。随张，必弃小国。小国离，楚之利也。少师侈③，请羸师④以张之。"熊率且比曰："季梁在，何益？"斗伯比曰："以为后图，少师得其君。"王毁军而纳少师。

少师归，请追楚师。随侯将许之。季梁止之曰："天方授楚，楚之嬴，其诱我也。君何急焉？臣闻小之能敌大也，小道大淫。所谓道，忠于民而信于神也。上思利民，忠也；祝史正辞⑤，信也。今民馁而君逞欲，祝史矫举以祭，臣不知其可也。"公曰："吾牲牷肥腯⑥，粢盛⑦丰备，何则不信？"对曰："夫民，神之主也，是以圣王先成民而后致力于神。故奉牲以告曰'博硕肥腯'，谓民力之普存也，谓其畜之硕大蕃滋⑧也，谓其不疾瘯蠡⑨也，谓其备腯咸有也。奉盛以告曰'洁粢丰盛'，谓其三时不害而民和年丰也。奉酒醴以告曰'嘉栗旨酒'，谓其上下皆有嘉德而无违心也。所谓馨香，无谗慝⑩也。故务其三时，修其五教，亲其九族，以致其禋（yīn）祀。于是乎民和而神降之福，故动则有成。今民各有心，而鬼神乏主，君虽独丰，其何福之有？君姑修政而亲兄弟之国，庶免于难。"随侯惧而修政，楚不敢伐。

【注释】

①蒍（wěi）章：楚武王的兄弟。

②求成：谈判。

③侈：骄傲。

④嬴（léi）师：使军队表现出衰弱的样子。嬴，衰弱。

⑤祝史正辞：祝史，主持祭祀祈祷的官名。正辞，言辞正直不虚伪。

⑥牲牷（quán）肥腯（tú）：祭祀用的牲畜十分肥壮。牷，毛色纯一的牛。腯，肥壮。

⑦粢（zī）盛（chéng）：祭祀用的粮食。粢，祭祀所用的谷物。盛，装在祭器中的祭品。

⑧蕃滋：繁殖。

⑨瘯（cù）蠡（luǒ）：六畜疥癣之疾。

⑩慝（tè）：邪恶。

【译文】

楚武王入侵随国，他派兄弟薳章前去谈判，而将军队驻扎在瑕地等侍。随国人派少师主持和谈。

斗伯比对楚王说："我们不能在汉水东边扩张领土，是我们自己的原因。我们扩充军队，装备甲兵，用武力来欺压别国。他们是因为害怕而联合起来图谋我们，所以难以离间啊。汉水东面的国家中，随国是最大的，如果随国自高自大，就会离弃力量弱小的盟国。小国被离弃了，就对楚国有好处。少师这个人骄傲自大，请您让军队装作衰弱的样子来助长他的骄傲。"熊率且比说："只要随国有季梁在，我们这么做有什么用呢？"斗伯比说："我是为以后做打算，因为随君对少师十分信任。"楚王便让军队展现出衰弱的样子来接待少师。

少师回到随国，请求追击楚军，随侯将要答应。季梁制止了这件事，说："上天正在帮助楚国，楚国衰弱的样子，是在引诱我们。您何必着急呢。臣听说小国能抵挡大国的原因，是小国得道，大国荒淫。所谓道，就是对人民忠诚，对神灵守信。君王想着有利于百姓的事情，就是忠；

祭司正直不说谎，就是信。现在人民饥饿而君王放纵欲望，祭司在祭祀祷告时虚报功德，臣不知道这样如何能抗拒大国！"随君说："我敬神的牲口都十分肥硕，稻谷粮食也丰盛完备，如此怎么说不能取信于神呢？"季梁说："人民是神的主人，因此圣明的君王都要先让百姓过上好日子，再努力敬神。对神祭祀说'牲畜肥硕'，是表示百姓普遍富足。对神说'牲畜肥大繁衍旺盛'，是表示百姓的牲口没有得病，有各种优良品种。对神说'洁净的稻谷粮食丰盛'，是表示不做违背农时的事情，百姓和睦，收成很好。对神说'美酒又好又清澈'，是表示君臣上下都有美德，不互相欺骗。所谓的祭品馨香，就是人心没有邪念。因此要按农时耕作，修明教养，亲善九族，用这些举动来祭拜神明。这样百姓才和睦，神明才会降福，做事情才会成功。如今人民各怀想法，鬼神没有依托，君王您虽然一个人的祭祀很丰盛，但又能求来什么福祉呢？请您姑且修明政治，亲善邻国，如此大概可以免于灾难。"随侯听了很害怕，就修明政治。楚国也就没敢来攻打他。

臧哀伯谏纳郜鼎

【题解】

本文讲的是宋庄公得位不正，以原来郜国的传国大鼎贿赂鲁桓公，鲁桓公将大鼎放进太庙，为此，鲁国大夫臧哀伯向鲁桓公进谏这样做不符合礼仪一事。这篇谏辞不仅条理清楚，旁征博引，层次分明，结构严谨，而且利用排比手法，气势恢弘，具有强烈的艺术感染力。需要指出的是，臧哀伯所言："君人者，将昭德塞违，以临照百官。""国家之败，由官邪也；官之失德，宠赂章也。"这些话直到今天，仍有现实的垂诫警示作用。

【原文】

夏四月，取郜大鼎于宋。戊申，纳于大庙，非礼也。

臧哀伯①谏曰："君人者，将昭德塞违②，以临照百官；犹惧或失之，故昭令德以示子孙。是以清庙茅屋，大路越席，大羹③不致，粢食不凿，昭其俭也；衮冕黻珽，带裳幅舄，衡紞纮綖，昭其度也；藻率鞞鞛④，鞶厉游缨，昭其数也；火龙黼黻，昭其文也；五色比象⑤，昭其物也；钖鸾和铃，昭其声也；三辰⑥旗旗，昭其明也。夫德，俭而有度，登降有数。文物以纪之，声明以发之，以临照百官，百官于是乎戒惧，而不敢易纪律。今灭德立违，而置其赂器于大庙，以明示百官。百官象之，其又何诛焉？国家之败，由官邪也；官之失德，宠赂章也。郜鼎在庙，章孰甚焉？武王克商，迁九鼎于雒邑，义士⑦犹或非之，而况将昭违乱之赂器于大庙。其若之何？"公不听。

周内史闻之，曰："臧孙达其有后于鲁乎！君违，不忘谏之以德。"

【注释】

①臧哀伯：鲁国大夫，名达，臧僖伯之子。

②塞违：杜绝违礼。

③大羹：祭祀专用的肉汁。

④鞞鞛（bǐng běng）：鞞，刀剑的鞘。鞛，刀剑把上的装饰物。

⑤五色比象：用青、黄、赤、白、黑五种颜色绘出花、虫、山、龙等形象。

⑥三辰：太阳、月亮、星辰。

⑦义士：指伯夷、叔齐一类的人。

【译文】

夏季四月，鲁桓公从宋国取来了原属郜国的传国大鼎，初九这天，把大鼎放进太庙，这样做是不符合礼制的。

臧哀伯进谏说："您作为百姓的君主，应该发扬德行而杜绝违礼之事，以此来做百官的表率，就算这样还担心有不足，所以还要宣扬各种美德以教育子孙。因此太庙用茅草来做屋顶，祭祀天地时乘坐的车子用草席做垫子，祭祀用的肉汁不用五味调和，祭祀用的主食不用舂过的好米，这么做是为了表示节俭。祭祀用的礼服、礼冠，蔽膝、大圭、革带、裙子、绑腿、靴子、横簪、填绳、冠带、冕布，都各不相同，这么做是为了显示礼制。放置玉器的垫子、刀剑的鞘和刀剑把上的装饰、衣带、带穗、飘带、套在马颈上的革带，都各有不同，这么做是为了显示等级差别。礼服上绘有各式各样的花纹，这么做是为了显示文饰上的差别。用五种颜色绘出各种图像来装饰器物衣裳，这么做是为了显示器物之间的差别。马铃、车铃、旗铃，是为了显示声音节奏，旌旗上画的太阳、月亮、星辰，是为了显示光明。所谓有德行，应该是节俭而有法度，事物的增减都有一定的数量，用纹饰和颜色作为标志，用声音和光亮来表现，以此来做百官的表率，这样百官才会警戒畏惧，不敢违反法度。现在国君您毁灭德行而树立违礼的坏榜样，把别国赂的宝器放在太庙里，公开在百官面前展示。百官如果都来效法，国君还能用什么去责罚他们呢？国家的衰败，是由于官吏不走正道；官吏失去道德，是由于受到国君的宠爱和赂风行的原故。郜国的大鼎放在太庙里，还有比这更公开的赂吗？周武王打败殷商，将九鼎搬到雒邑，当时像伯夷、叔齐这样的义士尚且认为武王做的不对，更别说把标志违礼作乱的赂之器放在太庙里，这怎么可以呢？"鲁桓公不听。

周朝的内史听到这件事后，说："臧孙达的后代子孙应该会在鲁国长久地享受爵禄吧！国君违礼，他不忘用德行来劝谏。"

卷三 庄公

（元年—三十二年）

齐桓公与公子纠争国

【解题】

本篇讲述了齐桓公与公子纠争夺王位的故事，对齐桓公抢先回到都城即位的历史一笔带过，着重描写了管仲被俘后，鲍叔牙不计前嫌，推荐管仲担任宰相一事，体现出鲍叔牙不吝私心、唯才是举的高尚品质。

【原文】

九年春，雍廪杀无知。公及齐大夫盟于蔇①，齐无君也。夏，公伐齐，纳子纠。桓公自莒先入。秋，师及齐师战于乾时，我师败绩。公丧戎路，传乘而归。秦子、梁子以公旗辟于下道，是以皆止。

鲍叔帅师来言曰："子纠，亲也，请君讨之。管、召，雠②也，请受而甘心焉。"乃杀子纠于生窦，召忽死之。管仲请囚，鲍叔受之，及堂阜而税③之。归而以告曰："管夷吾治于高傒，使相可也。"公从之。

【注释】

①蔇（jì）：鲁国邑名，在今山东枣庄附近。

②雠（chóu）：同“仇”。

③税：通“脱”，解开绑缚。

【译文】

鲁庄公九年春天，齐国大夫雍廪杀了公孙无知。鲁庄公和齐国大夫在蔇地结盟，是因为此时齐国没有国君。夏天，鲁庄公讨伐齐国，护送公子纠回国即位。而齐桓公从莒国抢先回去成为国君。秋天，我军和齐军在乾时交战，我军溃败。庄公丢弃战车，乘坐轻便的车子逃回鲁国。他的车夫秦子和梁子打着鲁国旗帜躲在小道上，因此都被齐军俘获。

鲍叔牙率军，代表齐桓公对鲁国说："公子纠是齐君的亲人，请贵国为我们讨伐他。管仲和召忽，是齐君的仇敌，请把他们交给我国使我们得以安心。"于是就在生窦把公子纠杀死，召忽也自杀了。管仲请求把自己带回齐国，鲍叔牙接受了，行至堂阜时就为管仲松了绑。回国后，鲍叔牙向齐桓公汇报："管仲的政治才能比高傒强，可以让他做宰相。"齐桓公听取了他的建议。

曹刿论战

【解题】

本篇记叙的是齐鲁长勺之战。长勺之战是中国战争史中以小敌大、以弱胜强的著名战例。文章通过描写曹刿在战前对民心所向的判断、在战时对士气的睿智分析，以及在战后追击时对敌情的判断，将曹刿的沉着与智慧活灵活现地展现了出来。

【原文】

十年春，齐师伐我。公将战。曹刿请见。其乡人曰："肉食者①谋之，又何间焉？"刿曰："肉食者鄙，未能远谋。"乃入见。问："何以战？"公曰："衣食所安，弗敢专也，必以分人。"对曰："小惠未遍，民弗从也。"公曰："牺牲②、玉帛，弗敢加也，必以信。"对曰："小信未孚，神弗福也。"公曰："小大之狱，虽不能察，必以情。"对曰："忠之属也，可以一战。战，则请从。"

公与之乘。战于长勺。公将鼓之。刿曰："未可。"齐人三鼓。刿曰："可矣。"齐师败绩。公将驰之。刿曰："未可。"下，视其辙，登轼而望之，曰："可矣。"遂逐齐师。

既克，公问其故。对曰：“夫战，勇气也。一鼓作气，再而衰，三而竭。彼竭我盈，故克之，夫大国，难测也，惧有伏焉。吾视其辙乱，望其旗靡，故逐之。”

【注释】

①肉食者：当权的人。

②牺牲：牛羊等祭祀用品。

【译文】

鲁庄公十年的春季，齐国军队进攻我们鲁国。鲁庄公准备应战。曹刿请求进见鲁庄公。曹刿的同乡说：“统治者肯定会谋划这件事，你又何必参与到这里面呢？”曹刿说：“统治者目光短浅，不能深远地谋划事情。”于是曹刿入朝拜见鲁庄公。曹刿问鲁庄公：“您凭借什么来打仗？”鲁庄公说：“衣食这类安于民生的东西，我不敢独自占有，一定把它们分享给其他人。”曹刿说：“这种小的恩惠不能遍及所有人，百姓是不会跟随您的。”鲁庄公说：“祭祀用的牛羊、玉器、丝织品等祭祀用品，我从来不敢夸大数目，一定对上天诚信。”曹刿说：“小信用不能取得上天的信任，神明是不会赐福于您的。”鲁庄公说：“案件无论大小，即使不能每一件都明察，我也一定会根据实情进行裁决。”曹刿回答说：“这才是尽了本职的一类事情，可以凭借这个去打一仗。如果作战请允许我跟从您一起去。”

作战的那一天，鲁庄公请曹刿和自己同坐一辆战车。

鲁军和齐军在长勺作战。鲁庄公准备击鼓进军。曹刿说："还不行。"等到齐军击鼓三次之后，曹刿说："可以了。"齐国的军队战败。鲁庄公想要追击齐军。曹刿说："还不行。"说完就下了战车去观察齐军车轮碾压出的痕迹，又登上战车，扶着车前横木眺望齐军军队，然后说："可以了。"于是追逐齐军。

打败齐军以后，鲁庄公询问曹刿获胜的原因。他回答说："所谓作战，凭借的是士气。第一次击鼓能够振奋士兵们的士气，第二次击鼓士兵们的士气就开始降低了，第三次击鼓士兵们的士气就衰竭了。敌军的士气已经衰竭而我军的士气正旺盛，所以就战胜了他们。齐国是大国，他们的情况是难以预料的，害怕他们设有埋伏。后来我看到他们的车轮痕迹很混乱，望见他们的旗帜都倒下了，所以下令追逐他们。"

卷四　闵公

（元年—二年）

卫懿公好鹤

【解题】

养鹤，本来是一个普通爱好，但像卫懿公这样将鹤看得比人还要重要的国君，必然会对国家造成大危害。

卫懿公赋予鹤等同于大夫的地位，不免寒了功臣之心。他为了养鹤穷奢极欲，浪费了国家的财力物力，玩物丧志，不理朝政，导致国内空虚，狄人窥伺。因此，虽然卫懿公终于醒悟，但还是太迟了，卫国兵败如山倒，难逃被灭亡的命运。

【原文】

冬十二月，狄人伐卫。卫懿公好鹤，鹤有乘轩者①。将战，国人受甲者皆曰："使鹤，鹤实有禄位，余焉能战！"公与石祁子玦②，与宁庄子矢，使守，曰："以此赞③国，择利而为之。"与夫人绣衣，曰："听于二子。"渠孔御戎，子伯为右，黄夷前驱，孔婴齐殿④。及狄人战于荧泽。卫师败绩，遂灭卫。卫侯不去其旗，是以甚败。狄人囚史华龙滑与礼孔，以逐卫人。二人曰："我，大史也，实掌其祭。不先，国不可得也。"乃先之。至，则告守曰："不可待也。"夜与国人出。狄入卫，遂从⑤之，又败诸河。

【注释】

①乘轩者：乘坐四面有遮蔽的大车的人，古代官位在大夫以上的人才能乘坐轩车。

②玦（jué）：有缺口的环形玉佩，是权力的象征。

③赞：辅助，帮助。

④殿：殿后。

⑤从：追击。

【译文】

冬天十二月，狄人进攻卫国。卫懿公喜欢鹤，有的鹤享有士大夫一般乘坐轩车的待遇。将要开战，国内接受甲胄的人都说："派鹤去吧，鹤有俸禄爵位，我们哪能作战！"卫懿公把玉玦交给石祁子，把箭矢交给宁庄子，让他们防守，说："用这个来辅助国家，选择有利的事情做。"给夫人绣衣，说："听从他们二人。"又命渠孔驾驭战车，子伯为车右，黄夷为前驱，孔婴齐殿后。同狄人在荧泽大战。卫军大败，卫国就被灭亡了。卫懿公不肯摘下自己的旗帜，因此惨败。狄人捉住太史华龙滑与礼孔，带着他们追逐卫人。二人说："我们是太史，是执掌国家祭祀的人，我们不先回去，卫国就得不到。"狄人于是放他们先回去了。二人回去后告诉守卫说："不能再抵御了。"夜里他们同国人一起撤出。狄人进入卫国国都，追击卫人，在河边又打败了卫人。

卷五　僖公

（元年—三十三年）

召陵之盟

【解题】

在齐桓公称霸诸侯的同时，南方的楚国逐渐强盛起来，同中原各国分庭抗礼。为巩固霸权，同时捍卫周王室的名誉，齐桓公以问罪的名义，集合诸侯兴兵伐楚。

楚与联军讲和，又派出屈完到召陵同联军结盟。齐桓公令联军摆出阵势，企图以威势震慑来使，但屈完不为所动，反而点出了"君子服人，在德不在力"的道理。这是一次杰出的外交，屈完用过人的智慧捍卫了楚国的尊严，最终同齐国订立了平等盟约。

【原文】

四年春，齐侯以诸侯之师^①侵蔡，蔡溃，遂伐楚。

楚子使与师言曰："君处北海，寡人处南海，唯是风马牛不相及也。不虞君之涉吾地也，何故？"

管仲对曰："昔召康公命我先君太公曰：'五侯九伯，女^②实征之，以夹^③辅周室。'赐我先君履：东至于海，西至于河，南至于穆陵，北至于无棣。尔贡包茅^④不入，王祭不共，无以缩酒^⑤，寡人是征；昭王南征而不复^⑥，寡人是问。"

对曰："贡之不入，寡君之罪也，敢不共给？昭王之不复，君其问诸水滨。"师进，次于陉。

夏，楚子使屈完如师。师退，次于召陵。

齐侯陈诸侯之师，与屈完乘而观之。齐侯曰："岂不穀⑦是为？先君之好是继。与不穀同好，如何？"对曰："君惠徽福于敝邑之社稷，辱收寡君，寡君之愿也。"齐侯曰："以此众战，谁能御之？以此攻城，何城不克？"对曰："君若以德绥⑧诸侯，谁敢不服？君若以力，楚国方城以为城，汉水以为池，虽众，无所用之！"屈完及诸侯盟。

【注释】

①诸侯之师：包括宋、鲁、陈、卫、郑、许、曹等国的军队。

②女：通"汝"。

③夹（xié）：通"挟"。

④包茅：古代祭祀时用来滤酒的菁茅。

⑤缩酒：用菁茅滤去酒糟。

⑥昭王南征而不复：周昭王晚年昏聩，人民怨恨。他巡游南方路过汉水时，当地百姓故意让他乘坐一艘用胶黏成的船，船至中流下沉，昭王淹死。

⑦不穀（gǔ）：国君自谦的称呼。

⑧绥（suí）：安抚。

【译文】

鲁僖公四年春天，齐桓公率领诸侯的军队进攻蔡国，蔡军溃败，联军趁势进攻楚国。

楚王派使臣对齐桓公说："您在北海，我在南海，正是风马牛不相及啊。谁料您竟然侵入我的土地，为什么？"

管仲回答说："以前召康公命令我们的先君姜太公说：'天下的诸侯，你可以征伐他们，来辅佐周王室。'并赠给姜太公讨伐的范围：东边到海边，西边到黄河，南边到穆陵，北边到无棣。你们楚国该进贡的包茅却没有进贡，导致天子祭祀时供给不上，没有东西可以过滤祭酒，我因此来征讨；昭王南巡到了汉水却没有回去，我因此来责问。"

楚使回答说："没有进贡，是我们君王的过错，岂敢不供给？昭王没回去，您还是回去问汉水吧。"联军进军，在陉地驻扎。

夏天，楚王派屈完到联军。联军后退，在召陵驻扎。

齐桓公将诸侯的军队排列开来，同屈完一起乘坐车驾观看。齐桓公说："联军到了这里，难道是为了我吗？是继承先君的盟好啊。你们也同我结盟，如何？"屈完说："您要赐福给我国的社稷，同我们国君结盟，是我们国君的愿望。"齐桓公说："凭借这些军队作战，谁能抵挡？凭借这些军队攻城，哪座城攻不下？"屈完说："您如果用德行来安抚诸侯，谁敢不服从？您如果用武力，楚国会将方城山当作城墙，将汉水当作护城河，您的军队虽然多，也没什么用！"屈完同诸侯们结盟。

宫之奇谏假道

【解题】

文章详细刻画了宫之奇有理有据、循循善诱的谏言，表现出作为一个小国谋士的宫之奇对时局的远见卓识，同时也反映出虞公的昏庸无能。

可叹的是，虞公贪财，非但对宫之奇的劝谏视若无睹，给晋国让路，还派兵协助晋国攻打虢国。这就是成语假途灭虢的出处。

【原文】

晋侯复假道于虞以伐虢①。

宫之奇谏曰："虢，虞之表也。虢亡，虞必从之。晋不可启，寇不可玩②。一之谓甚，其可再乎？谚所谓'辅车③相依，唇亡齿寒'者，其虞、虢之谓也。"

公曰："晋，吾宗也，岂害我哉？"

对曰："大伯、虞仲，大王之昭也。大伯不从，是以不嗣。虢仲、虢叔，王季之穆也，为文王卿士，勋在王室，藏于盟府。将虢是灭，何爱于虞！且虞能亲于桓、庄乎？其爱之也，桓、庄之族何罪？而以为戮，不唯逼乎？亲以宠逼，犹尚害之，况以国乎？"

公曰："吾享祀丰洁，神必据④我。"

对曰："臣闻之，鬼神非人实亲，惟德是依。故《周书》曰：'皇天无亲，惟德是辅。'又曰：'黍稷非馨，明德惟馨。'又曰：'民不易物，惟德繄物。'如是，则非德，民不和，神不享矣。神所冯依，将在德矣。若晋取虞，而明德以荐馨香，神其吐之乎？"

弗听，许晋使。

宫之奇以其族行，曰："虞不腊矣。在此行也，晋不更举矣。"

八月甲午，晋侯围上阳，问于卜偃曰："吾其济乎？"对曰："克之。"公曰："何时？"对曰："童谣云：'丙之晨，龙尾伏辰，均服振振，取虢之旂⑤。鹑之贲贲，天策焞焞⑥，火中成军，虢公其奔。'其九月、十月之交乎！丙子旦，日在尾，月在策，鹑火中，必是时也。"

冬，十二月丙子朔，晋灭虢，虢公丑奔京师。师还，馆于虞，遂袭虞，灭之，执虞公及其大夫井伯，以媵⑦秦穆姬。而修虞祀，且归其职贡于王，故书曰："晋人执虞公。"罪虞，且言易也。

【注释】

①晋侯复假道于虞以伐虢：这是在鲁僖公五年（前655）。晋国第一次"假道于虞以伐虢"是在鲁僖公二年（前658）。

②翫（wán）：通"玩"，轻视、玩忽。

③辅车：辅，人的面颊骨。车，牙床。

④据：依从，这里是保佑的意思。

⑤旗（qí）：同"旗"。

⑥鹑（chún）之贲（bēn）贲，天策焞（tūn）焞：鹑，鹑火星。贲贲，飞行的样子。天策，星宿名，也叫傅说星。焞焞，星光暗弱的样子。

⑦媵（yìng）：随嫁，陪送出嫁。

【译文】

晋侯又向虞国借路去攻打虢国。

宫之奇劝阻虞公说："虢国，是虞国的外围，虢国灭亡了，虞国也一定跟着灭亡。晋国的这种贪心不能让它开头，这支侵略别人的军队不可轻视。一次借路已经很过分了，怎么可以有第二次呢？俗话说'颊骨和齿床互相依靠，嘴唇没了牙齿就会寒冷'，这说的就是虞国、虢国的关系。"

虞公说："晋国，与我国同宗，难道会加害我吗？"

宫之奇回答说："大伯、虞仲是大王的长子和次子，大伯不听从父命，因此不让他继承王位。虢仲、虢叔都是王季的儿子，是文王执掌国政的大臣，在王室中有功劳，因功受封的典策还在主持盟会的官员手中。现在晋国连虢国都要灭掉，对虞国还有什么爱惜的呢？再说虞能比桓庄之族与晋献公更亲近吗？桓、庄这两个家族有什么罪过？可晋献公把他们杀害了，还不是因为他们对自己有威胁才这样吗？近亲的家族威胁到自己，尚且要加害于他们，更何况对一个国家呢？"

虞公说："我的祭品丰盛清洁，神必然保佑我。"

宫之奇回答说："我听说，鬼神不是随便亲近某人的，只依从有德行的人。所以《周书》说：'上天对于人没有亲疏不同，只保佑有德行的人。'又说：'黍稷不算芳香，只有美德才芳香。'又说：'人们拿来祭祀的东西都是相同的，只有有德行的人的祭品才是真正的祭品。'如此看来，没有德行，百姓就不和，神灵就不会享用他的祭品了。神灵所凭依的，就在于德行。如果晋国消灭虞国，崇尚德行，以芳香的祭品奉献给神灵，神灵难道会吐出来吗？"

虞公不听从宫之奇的劝阻，答应了晋国使者借路的要求。

宫之奇带着他家族的人离开了虞国。他说："虞国等不到岁终祭祀的时候了。只需这一次行动，晋国不必再出兵了。"

八月甲午日，晋献公包围了上阳城，向卜偃问道："寡人能够成功吗？"卜偃回答："能攻克它。"晋献公问："什么时候？"卜偃回答："童谣说：'丙子日清晨，龙尾星隐匿不见，军服严整威武，必将夺取虢国的大旗。鹑火星急速飞行，天策星暗淡无光，鹑火星在南方的时候，便可以进行军事行动，虢公将会逃亡。'恐怕就在九月末十月初。丙子日清早，太阳在龙尾星的位置，月亮在天策星的位置，鹑火星在南方，必是这个时间。"

冬天十二月初一，晋灭掉虢国，虢公丑逃到京城。晋军回师的时候，驻扎在虞国，于是袭击了虞国，将其灭亡，捉住了虞公和他的大夫井伯，把井伯作为秦穆姬的陪嫁随从。然而仍继续祭祀虞国的祖先，并且把虞国的贡物仍归于周天子。所以《春秋》中记载说："晋国人捉住了虞公。"这是归罪于虞公，并且说事情进行得很容易。

骊姬之乱

【解题】

本篇记叙了春秋大国晋国的一场内乱。

献公的妻子骊姬为了让自己的儿子即位，用尽阴谋手段离间献公与他的三个儿子申生、重耳、夷吾之间的感情。而申生、重耳、夷吾为了尽孝道一味地忍让，最终申生自杀，重耳、夷吾外逃。

诸公子并非没有察觉骊姬的恶毒狡诈，但是在对君王的孝义面前，他们毅然选择了牺牲自己，这种精神可歌可泣。

【原文】

初，晋献公欲以骊姬为夫人，卜之，不吉；筮之，吉。公曰："从筮。"卜人曰："筮短龟长，不如从长。且其繇①曰：'专之渝②，攘公之羭③。一薰一莸④，十年尚犹有臭。'必不可！"弗听，立之。生奚齐，其娣生卓子。

及将立奚齐，既与中大夫成谋。姬谓大子曰："君梦齐姜，必速祭之！"大子祭于曲沃，归胙⑤于公。公田，姬置诸宫六日。公至，毒而献之。公祭之地，地坟；与犬，犬毙；与小臣，小臣亦毙。姬泣曰："贼⑥由大子。"大子奔新城。公杀其傅杜原款。

或谓大子："子辞，君必辩焉。"大子曰："君非姬氏，居不安，食不饱。我辞，姬必有罪。君老矣，吾又不乐。"曰："子其行乎？"大子曰："君实不察其罪，被此名也以出，人谁纳我？"十二月戊申，缢于新城。

姬遂谮⑦二公子曰："皆知之。"重耳奔蒲，夷吾奔屈。

初，晋侯使士蒍⑧为二公子筑蒲与屈，不慎，置薪焉。夷吾诉之。公使让之。士蒍为稽首而对曰："臣闻之，无丧而感，忧必仇焉。无戎而城，仇必保焉。寇仇之保，又何慎焉？守官废命，不敬；固仇之保，不忠。失忠与敬，何以事君？《诗》云：'怀德惟宁，宗子惟城。'君其修德而固宗子，何城如之？三年将寻师焉，焉用慎？"退而赋曰："狐裘龙茸⑨，一国三公，吾谁适从？"

及难⑩，公使寺人披伐蒲。重耳曰："君父之命不校。"乃徇曰："校者，吾仇也。"逾垣而走。披斩其祛，遂出奔翟⑪。

六年春，晋侯使贾华伐屈。夷吾不能守，盟而行。将奔狄，郤芮曰："后出同走，罪也，不如之梁。梁近秦而幸焉。"乃之梁。

【注释】

①繇（zhòu）：占卜的兆辞。

②渝：变。

③瑜（yú）：美德。

④一薰一莸（yóu）：薰，香草。莸，臭草。

⑤胙（zuò）：祭祀用的酒肉。

⑥贼：谋害。

⑦谮（zèn）：谗言，诬陷。

⑧士芬（wěi）：晋国大臣。

⑨尨（méng）茸：蓬松杂乱的样子。

⑩及难：指申生自杀。

⑪翟：同"狄"。

【译文】

　　起初，晋献公想立骊姬为夫人，为此龟卜，结果不吉利；又用蓍卜，结果吉利。晋献公说："照著卜的结果去办。"占卜师说："龟卜比蓍卜灵验，不如照灵验的去做。何况蓍卜的兆辞说：'若是因过分宠溺而生变乱，就要破坏了公的美德。香草和臭草混杂一处，十年以后还会有臭味。'一定不要这样做。"晋献公不听，立骊姬为夫人。她生了奚齐，随嫁的妹妹生了卓子。

　　到了即将立奚齐为太子时，骊姬早已和中大夫有所预谋。骊姬对申生说："国君梦到了你的母亲齐姜，你务必赶快去祭祀她。"太子到曲沃去祭祀，并把祭祀的酒肉带回来献给晋献公。晋献公正外出打猎，骊姬把酒肉在宫里放了六天。晋献公回来，骊姬在酒肉中投了毒拿给献公。晋献公用酒祭地，地上的泥土凸起小堆；拿肉给狗吃，狗死掉了；给宫中的小臣吃，小臣也死了。骊姬哭着说："是太子想谋害您。"太子逃往新城，晋献公杀了太子的保傅杜原款。

有人对太子说："您要申辩，国君必然会明察是非。"太子说："国君如果没有了骊姬，会寝食不安。我一旦申辩，骊姬必定会被判罪。君王老了，我又不能让他快乐。"那人说："那么您想逃走吗？"太子说："君王尚未查明真相，我背负弑父的罪名逃走，谁会容纳我呢？"十二月二十七日，太子在新城上吊自尽。

骊姬又诬陷重耳和夷吾两位公子说："他们都知道申生的阴谋。"重耳逃往蒲城，夷吾逃往屈城。

当初，晋献公命士蒍为重耳和夷吾两位公子分别修筑蒲城和屈城，不小心，在城墙中放入了柴草。夷吾告诉了献公，献公派人责备士蒍。士蒍叩头回答说："臣听说，没有丧事而悲伤，忧愁必定尾随而来。没有战争而筑城，内部的仇敌必定前来占据。既然仇敌要来占据，又何必如此谨慎呢？在其位而不接受君命是不敬，加固仇敌要占据的城池是不忠。若没有忠诚和恭敬，何以侍奉国君呢？《诗经》说：'心怀德行便得安宁，同宗子弟就是坚城。'国君如果能做到修养德行并巩固宗子的地位，有什么城墙比这更牢靠呢? 三年后就要用兵, 哪里需要这样谨慎?"士蒍辞退后赋诗道: "狐狸皮袍蓬松纷乱, 一个国家三个主公, 我该跟从哪一个?"

灾祸发生时, 晋献公派寺人披去攻打蒲城。重耳说: "君王与父亲的命令不能违抗。"于是他告诉大家说: "违抗君命就是与我为敌。"重耳翻墙逃走, 寺人披砍断了他的衣袖。重耳于是逃到了狄国。

鲁僖公六年春, 晋献公派贾华攻打屈城。夷吾抵挡不住, 与屈人订立盟约后逃亡。夷吾准备逃往狄国, 郤芮说: "你在重耳之后也逃到狄国去, 恰恰证明你是有罪的, 不如去梁国。梁国邻近秦国, 并且受到秦国的信任。"于是夷吾逃往梁国。

子鱼论战

【解题】

本文讲的是宋楚泓水之战的经过, 公元前638年宋楚争霸, 宋襄公为削弱楚国的势力, 出兵攻打亲近楚国的郑国。楚国发兵救郑, 泓水之战爆发。

文章对于战争的经过描写得不多, 而将重心放在一个"论"字上。宋司马子鱼提出了高明的意见, 但宋襄公不予采纳, 导致宋军失去战机, 被楚军击败。

宋襄公的辩解里充满了迂腐教条的仁义思维，子鱼则从实际出发，立论严谨，正面反驳了宋襄公的荒谬之词，进而表述了正确的军事观点。

【原文】

冬十一月己巳朔，宋公①及楚人战于泓。宋人既成列，楚人未既济。司马②曰："彼众我寡，及其未既济也，请击之。"公曰："不可。"既济而未成列，又以告。公曰："未可。"既陈而后击之，宋师败绩。公伤股，门官③歼焉。

国人皆咎公。公曰："君子不重伤，不禽二毛。古之为军也，不以阻隘也。寡人虽亡国之余④，不鼓不成列。"

子鱼曰："君未知战。勍⑤敌之人，隘而不列，天赞我也。阻而鼓之，不亦可乎？犹有惧焉！且今之勍者，皆吾敌也。虽及胡耇⑥，获则取之，何有于二毛？明耻、教战，求杀敌也。伤未及死，如何勿重？若爱重伤，则如勿伤；爱其二毛，则如服焉。三军以利用也，金鼓以声气也。利而用之，阻隘可也；声盛致志，鼓儳⑦可也。"

【注释】

①宋公：宋襄公，春秋时宋国国君，公元前650年至公元前637年在位，为人好名无实，轻信寡谋。

②司马：官名，此处即指子鱼。子鱼是宋襄公的庶兄。

③门官：守门的人，在打仗时担任君王的护卫。

④亡国之余：宋国历史上是商朝的后裔，商为周所灭，所以

宋公称自己为亡国之余。

⑤勍（qíng）：强大。

⑥胡耇（gǒu）：年老，高龄。

⑦儳（chán）：不整齐。

【译文】

僖公二十二年冬天十一月己巳朔，宋襄公率军与楚军在泓水交战。宋军已经布下阵势，楚军尚未完全渡过泓水。时任司马的子鱼对宋襄公说："敌众我寡，趁他们尚未全部渡过泓水，请您下令进攻。"宋襄公说："不行。"待楚军全部渡水但还没有布好阵势之时，子鱼又建议宋襄公进攻。宋襄公依然说："不行。"等楚军一切就绪，宋军才发起进攻，结果大败。宋襄公大腿负伤，护卫官也被歼灭了。

宋国人（将战败）都归罪于宋襄公。宋襄公说："君子在战场上不去砍杀已经受伤的敌人，也不俘虏双鬓斑白的敌人。古代行军打仗，是不以地势为优势的。我虽然是亡国者的后裔，但也不愿去攻打没有准备好的敌人。"

子鱼说："您不晓得军事的道理。强敌因地形不利而没有布好阵列，那是天意要帮助我们。因敌人地势不利而向他们发起进攻，不也可以吗？难道怕不能取胜？何况我们面前的强者正是敌人。即便是上了年纪的，能抓就该去抓，对于鬓发斑白的敌人，有什么可怜悯的呢？让战士懂得什么是耻辱，教会他们打仗的技能，就是为了打败敌人。敌人受伤还没有死，为什么不能去杀掉他们？如果怜悯负伤的敌人，还不如不让他们受伤；如果怜悯年迈的敌人，就应该直接向他们投降。军队凭借有利的战机来作战，依靠鸣金击鼓来鼓舞士气。既然作战要抓住有利战机，那么敌人遭遇困境时，我们就是可以进攻的；既然击鼓造势能增强军队斗志，那么攻击没有布好阵列的敌军也是可以的。"

重耳出亡始末

【解题】

公子重耳是晋献公的儿子。深受晋献公宠爱的骊姬要让自己的儿子奚齐成为太子，便陷害太子申生，申生无奈自尽。骊姬又诬陷晋献公另外的两个儿子重耳和夷吾，得知消息后，重耳便逃出晋国，开始流亡。

在长达十九年的流亡生涯中，重耳从一个养尊处优、贪图享乐的贵族公子逐渐成长起来。他的足迹几乎遍布了当时的主要国家，既有屡遭冷眼的经历，也得到过如齐、楚、秦等大国国君的赏识，最终在秦穆公的帮助下返回晋国，即位为君，成为春秋时期的一代霸主晋文公。

重耳的成功与跟随他出生入死的忠臣是分不开的，其中最可贵的便是介之推。重耳功成之日，他不慕功名利禄，携母归隐林泉，这种境界比旁人又高了一筹。

【原文】

晋公子重耳之及于难①也，晋人伐诸蒲城。蒲城人欲战，重耳不可，曰："保②君父之命而享其生禄，于是乎得人。有人而校，罪莫大焉。吾其奔也。"遂奔狄。从者狐偃、赵衰、颠颉、魏武子、司空季子。狄人伐廧咎如③，获其二女：叔隗、季隗，纳诸公子。公子取季隗，生伯儵、叔刘；以叔隗妻赵衰，生盾。将适齐，谓季隗曰："待我二十五年，不来而后嫁。"对曰："我二十五年矣，又如是而嫁，则就木焉。请待子。"处狄十二年而行。

过卫，卫文公不礼焉。出于五鹿，乞食于野人，野人与之块，公子怒，欲鞭之。子犯④曰："天赐也。"稽首，受而载之。

及齐，齐桓公妻之，有马二十乘，公子安之。从者以为不可。将行，谋于桑下。蚕妾在其上，以告姜氏。姜氏杀之，而谓公子曰："子有四方之志，其闻之者吾杀之矣。"公子曰："无之。"姜曰："行也。怀与安，实败名。"公子不可。姜与子犯谋，醉而遣之。醒，以戈逐子犯。

及曹，曹共公闻其骈胁⑤，欲观其裸。浴，薄而观之。僖负羁之妻曰："吾观晋公子之从者，皆足以相国。若以相，夫子必反其国。反其国，必得志于诸侯。得志于诸侯而诛无礼，曹其首也。子盍蚤⑥自贰焉。"乃馈盘飧⑦，置璧焉。公子受飧反璧。

及宋，宋襄公赠之以马二十乘。

及郑，郑文公亦不礼焉。叔詹谏曰："臣闻天之所启，人弗及也。晋公子有三焉，天其或者将建诸！君其礼焉。男女同姓，其生不蕃。晋公子，姬出也，而至于今，一也。离外之患，而天不靖晋国，殆将启之，二也。有三士足以上人而从之，三也。晋、郑同侪⑧，其过子弟，固将礼焉，况天之所启乎？"弗听。

及楚，楚子飨之，曰："公子若反晋国，则何以报不穀？"对曰："子女⑨玉帛则君有之，羽毛齿革则君地生焉。其波及晋国者，君之余也，其何以报君？"曰："虽然，何以报我？"对曰："若以君之灵，得反晋国，晋、楚治兵，遇于中原，其辟君三舍。若不获命，其左执鞭弭、右属櫜鞬⑩，以与君周旋。"子玉请杀之。楚子曰："晋公子广而俭，文而有礼。其从者肃而宽，忠而能力。晋侯无亲，外内恶之。吾闻姬姓，唐叔之后，其后衰者也，其将由晋公子乎。天将兴之，谁能废之。违天必有大咎。"乃送诸秦。

秦伯纳女五人，怀嬴与焉。奉匜沃盥⑪，既而挥之。怒曰："秦、晋匹也，何以卑我！"公子惧，降服而囚。

他日，公享之。子犯曰："吾不如衰之文也。请使衰从。"公子赋《河水》，公赋《六月》。赵衰曰："重耳拜赐。"公子降，拜，稽首，公降一级而辞焉。衰曰："君称所以佐天子者命重耳，重耳敢不拜？"

二十四年春，王正月，秦伯纳之，不书，不告入也。

及河，子犯以璧授公子，曰："臣负羁绁⑫从君巡于天下，臣之罪甚多矣。臣犹知之，而况君乎？请由此亡。"
公子曰："所不与舅氏同心者，有如白水。"投其璧于河。

济河，围令狐，入桑泉，取臼衰。二月甲午，晋师军
于庐柳。秦伯使公子絷如晋师，师退，军于郇^⑬。辛丑，狐
偃及秦、晋之大夫盟于郇。壬寅，公子入于晋师。丙午，
入于曲沃。丁未，朝于武宫。戊申，使杀怀公于高梁。不
书，亦不告也。

吕、郤畏偪^⑭，将焚公宫而弑晋侯。寺人披请见，公使
让之，且辞焉，曰："蒲城之役，君命一宿，女即至。其后
余从狄君以田渭滨，女为惠公来求杀余，命女三宿，女中
宿至。虽有君命，何其速也。夫袪^⑮犹在，女其行乎。"对
曰："臣谓君之入也，其知之矣。若犹未也，又将及难。君
命无二，古之制也。除君之恶，唯力是视。蒲人、狄人，
余何有焉。今君即位，其无蒲、狄乎？齐桓公置射钩而使
管仲相，君若易之，何辱命焉？行者甚众，岂唯刑臣。"
公见之，以难告。三月，晋侯潜会秦伯于王城。己丑晦，
公宫火，瑕甥、郤芮不获公，乃如河上，秦伯诱而杀之。
晋侯逆夫人嬴氏以归。秦伯送卫于晋三千人，实纪纲
之仆。

初，晋侯之竖头须，守藏者也。其出也，窃藏以逃，
尽用以求纳之。及入，求见，公辞焉以沐。谓仆人曰："沐
则心覆，心覆则图反，宜吾不得见也。居者为社稷之守，
行者为羁绁之仆，其亦可也，何必罪居者？国君而仇匹
夫，惧者甚众矣。"仆人以告，公遽见之。

狄人归季隗于晋，而请其二子。文公妻赵衰，生原同、屏括、楼婴。赵姬请逆盾与其母，子余辞。姬曰："得宠而忘旧，何以使人？必逆之。"固请，许之。来，以盾为才，固请于公，以为嫡子，而使其三子下之，以叔隗为内子，而己下之。

晋侯赏从亡者，介之推不言禄，禄亦弗及。推曰："献公之子九人，唯君在矣。惠、怀无亲，外内弃之。天未绝晋，必将有主。主晋祀者，非君而谁？天实置之，而二三子以为己力，不亦诬乎？窃人之财，犹谓之盗，况贪天之功以为己力乎？下义其罪，上赏其奸，上下相蒙，难与处矣！"其母曰："盍亦求之，以死谁怼⑯？"对曰："尤而效之，罪又甚焉，且出怨言，不食其食。"其母曰："亦使知之，若何？"对曰："言，身之文也。身将隐，焉用文之？是求显也。"其母曰："能如是乎？与女偕隐。"遂隐而死。晋侯求之，不获，以绵上为之田，曰："以志吾过，且旌善人。"

【注释】

①及于难：遇到危难。指晋献公听信骊姬谗言，逼死太子申生，重耳、夷吾出逃一事。

②保：依靠。

③廧（qiáng）咎（gāo）如：狄族的一个旁支。

④子犯：狐偃，字子犯，重耳的舅舅。

⑤骈胁：腋下肋骨连成一片。

⑥蚤：通"早"。

⑦飧（sūn）：晚饭。

⑧同侪（chái）：同等地位。

⑨子女：此处指男女仆从。

⑩左执鞭弭（mǐ）、右属櫜（gāo）鞬（jiān）：左手拿着鞭子和弓箭，右手摸着箭袋和弓套。弭，两头不加装饰的弓。櫜，箭袋。鞬，弓袋。

⑪奉匜（yí）沃盥（guàn）：拿着洗手的盘子，将水注入其中。匜，盛水的盘子。盥，洗。

⑫羁绁（xiè）：马的辔头和缰绳。

⑬郇（xún）：诸侯国名。

⑭偪：同"逼"，迫害。

⑮祛（qū）：袖口。

⑯憝（duì）：怨恨。

【译文】

晋国的公子重耳遭遇灾难的时候，晋献公派人攻打蒲城讨伐他。蒲城人要应战，重耳不允许，说："我依靠君父的命令才享有蒲城，因此才有了各位的拥护，有了人民的拥护却要与君王对抗，实在是大罪啊，我还是逃走吧。"于是逃往狄国。跟随他的人有狐偃、赵衰、颠颉、魏武子、司空季子。狄人攻打廧咎如时，俘虏了两个女子：叔隗、季隗。于是把她们送给重耳，重耳娶了季隗，生下伯儵、叔刘二子。又让叔隗嫁给赵衰，生了赵盾。重耳将要去齐国时，对季隗说："等我二十五年，如果我还没回来，你就再嫁。"季隗回答说："二十五年后如果你真的不来，我再嫁，那时候也已经快要老死了，请允许我一直等着您。"于是重耳在狄待了十二年后走了。

到了卫国，卫文公不以礼相待。重耳到了五鹿，向乡下人求点儿吃的，乡下人给了他一块泥巴，重耳大怒，要抽他鞭子。狐偃说："这泥土是天赐给主公的啊。"重耳于是上前行了稽首之礼，接受了泥土并将它带走了。

到了齐国，齐桓公将女儿姜氏嫁给重耳，并赐给他二十乘骏马。重耳安于现状，跟随他的人都认为不能这样。他们打算带着重耳离开齐国，就在一株桑树下谋划。恰好有一个养蚕女在桑树上，于是把她听到的谋划都告诉了姜氏。姜氏把此女杀了，对重耳说："公子您志在四方，现在听说这个谋划的人已经被我杀了。"重耳说："没这回事。"姜氏说："您走吧，留恋现状安于享受，实际上是败坏功名事业。"重耳还是不同意。姜氏就与狐偃谋划，将重耳灌醉后送走。重耳醒了，气得用戈予追打狐偃。

到了曹国，曹公听说重耳生来便有肋骨连成一片的异象，就想观看他的裸体。等重耳洗澡的时候，他偷偷靠近观看。大臣僖负羁的妻子说："我观察晋公子的随从，都足以当上相国。如果真的当了相国，那重耳必然返回他的国家。返回国家，必然称霸诸侯。称霸诸侯，必然诛杀那些无礼的人，曹国必然首当其冲。你还是早做打算表示自己与曹公的不同吧。"僖负羁就馈赠给重耳一顿晚饭，一块玉璧。重耳接受了晚饭而送回了玉璧。

到了宋国，宋襄公送给他二十乘马。

到了郑国，郑文公也不以礼相待。叔詹劝谏说："臣听说上天要帮助的人，普通人是比不上的。晋公子有三点特殊的地方，上天或许要助他当上君王，您还是对他有点儿礼貌吧。这三点特殊之处是：男女同姓通婚，本来子孙不能旺盛，而重耳是姓姬的女子生的，却健康地活到了今天，这是其一。他处在逃亡的祸患中，而上天没有让晋国国内平安稳定，一定是想要帮助重耳，这是其二。有三个以上卓尔不凡的人追随他，这是其三。晋国、郑国地位同等，就算经过的是普通子弟，也应以礼相待，何况是上天要帮助的人呢？"郑文公不听。

到了楚国，楚王宴请了他们，说："公子如果返回晋国，将如何报答我呢？"重耳答道："男女仆从和玉帛君王您有了，羽毛皮革本就是楚国的特产，流传到晋国的，是您剩余之物，我拿什么来报答您呢？"楚王说："虽然是这样，但如何来报答我？"重耳说："如果依靠大王的保佑，我能返回晋国，那么，当晋楚交兵，在中原相遇时，我会退避三舍。如果不能得到您的原谅，我将左手拿着鞭子和弓箭，右手摸着箭袋和弓套，和您较量一番。"子玉请求杀了重耳。楚王说："晋公子志向远大，生活检点，举止斯文有礼。跟随他的人严肃而宽厚，忠诚有能力。现在晋侯没有亲近之人，国内外都讨厌他。我听说在姬姓中，唐叔的后代会最后衰亡，这大概是要由晋公子振兴吧。上天将要振兴他，谁能废掉他呢，若违背天意必然会招致大祸患。"于是把重耳送到了秦国。

秦伯送给重耳五个女子，其中就有怀嬴。她捧着水盆倒好水给重耳洗手，重耳洗完后却随随便便地甩干。怀嬴发怒说："秦、晋是同等地位的国家，你为何这样看不起我！"重耳害怕了，就脱了衣服把自己绑起来请罪。

有一天，秦伯宴请重耳，狐偃说："我不如赵衰斯文，请派他跟随您赴宴。"在宴会上，重耳写了一首《河水》，秦伯写了一首《六月》。赵衰说："重耳快拜谢秦伯的馈赠。"重耳退后跪拜磕头，秦伯下台阶一级表示辞让。赵衰说："秦伯用辅佐天子的诗来赠答重耳，重耳岂敢不拜？"

鲁僖公二十四年春，周历正月，秦伯派军队护送重耳回国，《春秋》没记载此事，是因为重耳回国之事没有告知鲁国。

到了黄河，子犯把一块玉璧送给重耳，说："臣作为仆役跟随您周游天下，犯了许多过错，臣自己尚且知道，何况您呢？请允许我离开吧。"重耳说："舅父如疑心我与您不是一条心，请让我对着黄河水发誓。"说罢便将玉璧投入河中。

过河后，重耳的军队围住令狐，进入桑泉，攻取臼衰。二月甲午日，晋怀公的军队驻扎在庐柳。秦伯派公子絷到了晋军之中传达命令，晋军退到郇地。辛丑日，狐偃和秦国、晋国大夫结盟。壬寅日，重耳掌控了晋军，丙午日又到了曲沃。丁未日，朝拜了位于武宫的祖庙。戊申日，派人在高粱杀掉怀公。这些事情《春秋》都没有记载，也是由于晋国没有告知鲁国。

有晋怀公旧臣吕甥、郤芮二人，害怕受到迫害，就打算焚烧公宫杀掉重耳。寺人披得知消息，请求见重耳，重耳派人责备他，又拒绝接见他，说："蒲城之战，晋献公命你一宿赶到，你却当日就到了。之后我跟随狄君在渭水边打猎，你接到惠公命令来杀我，他命你三天到，你却第二晚就赶到了。就算你是被君王命令的，却为何这样迅速？当初我被你砍掉的袖子还在呢，你赶紧走吧。"寺人披回答说："我以为您回国后，知道为君之道了。现在若还不懂，就又会遭到祸难了。自古以来，执行君命不能三心二意。为了除掉君王厌恶的人，必须竭尽全力。蒲人、狄人，对我来说又有什么关系呢？现在您当上君王，难道就没有像蒲、狄那样的反对者吗？齐桓公能不计前仇，拜管仲为相，如果您改变齐桓公的做法，我立刻就走不劳烦您下命令。这样的话，要走的人会有很多，岂止我一个？"重耳接见了他，他就把吕甥、郤芮将要发难的事情告诉了重耳。三月，重耳在王城秘密会见秦伯。三月三十日，公宫着火，吕甥、郤芮没有找到重耳，就追赶到黄河边，秦伯诱杀了这二人。重耳把怀嬴接回国内，秦伯送给晋国三千卫士，作为主管门户仆隶之事的仆臣。

起初，晋侯有小臣名叫头须，是看守仓库的。当重耳逃亡时，头须偷走仓库的财物，全部用于接纳重耳一事。等到重耳回国后，头须求见他，重耳借口沐浴来推辞。头须对仆人说:"沐浴的时候心是颠倒过来的,心颠倒过来,思考也颠倒了,因此我确实不宜觐见他。在国内的人替他看守国家,在外的人为他奔走活动,这两者都是一样的,何必把留守之人看成罪人?国君仇视一介匹夫,害怕他的人就会多了。"仆人将这话告诉重耳,重耳连忙接见了他。

狄人将季隗送回晋国,而请求留下她的两个儿子。重耳把女儿嫁给赵衰,生了原同、屏括、楼婴三人。赵姬请求接回赵盾及其母叔隗,赵衰不同意。赵姬说:"如果得到宠爱便忘记了旧人,那又如何能够命令别人呢?必须接他们回来。"她坚决请求,赵衰答应了。他们回来后,赵姬认为赵盾很有才干,坚决请求重耳把赵盾立为嫡子,而让自己的三个孩子位居其下,又请求让叔隗当正妻,自己位于其下。

重耳赏赐跟随逃亡的人,介之推没有要求赏赐,赏赐也没有考虑到他。介之推说:"晋献公的九个儿子,现在只有重耳在了。晋惠公、晋怀公没有亲近的人,举国内外都抛弃了他们。上天没有抛弃晋国,必使此地有君主。能主持晋国宗庙祭祀的人,不是重耳还能是谁呢。而那两三个跟随他逃亡的人却认为是自己出力的原因,难道不是欺蒙上天吗?偷人钱财,尚且可以说是盗窃,何况将上天的功劳看作是自己的呢?在下的人把罪恶当成正义,在上的人赏赐奸恶,上上下下互相蒙骗,我难以与他们相处!"介之推的母亲说:"你何不去要求封赏,如果因埋怨而获罪死去,又去怨恨谁呢?"介之推说:"明知道是错的而去做,罪过就更大了，而且我已经说出怨言，就不能再吃晋国的饭了。"他母亲说："还是让他们知道一下吧？"介之推说："言辞，是身体的装饰，身体将要归隐，还用得着言辞吗？这反而是表现自己了。"他母亲说："能这样吗？那我和你一起隐居吧。"于是两人一起隐居直到死去。重耳到处寻找他们却没找到，就把绵上这个地方作为他的封地，说："就用这件事来记载我的过错，表扬善人吧。"

展喜犒齐师

【解题】

齐国与鲁国是东海边的一对邻居，两国从西周时期便世代交好，但到了春秋时期，强大的齐国常常威胁鲁国的安全。

面对齐国的又一次进攻，鲁国君臣别出心裁，想出了派展喜犒劳敌人的计策。在这次外交中，展喜回顾了两国先君的友谊，从道义上证明了鲁国得道而齐国无道，他不卑不亢，可谓以弱敌强的典范。

【原文】

夏，齐孝公伐我北鄙。

公使展喜犒师，使受命于展禽。齐侯未入竟，展喜

从之。曰："寡君闻君亲举玉趾^①，将辱于敝邑，使下臣犒
执事。"齐侯曰："鲁人恐乎？"对曰："小人恐矣，君子
则否。"齐侯曰："室如县罄^②，野无青草，何恃而不恐？"
对曰："恃先王之命。昔周公、大公股肱周室，夹辅成王。
成王劳之，而赐之盟，曰：'世世子孙无相害也！'载在
盟府，大师职之。桓公是以纠合诸侯，而谋其不协，弥
缝^③其阙，而匡救其灾，昭旧职也。及君即位，诸侯之望
曰：'其率桓之功。'我敝邑用是不敢保聚，曰：'岂其嗣世
九年，而弃命废职^④？其若先君何？君必不然。'恃此以不
恐。"齐侯乃还。

【注释】

①玉趾：一种礼貌委婉的说法，相当于"贵步"。

②室如县罄：百姓家中像挂起来的罄一样空空荡荡。县，同
"悬"。罄，通"磬"。

③弥缝：补救。

④弃命废职：抛弃先王之命，废太公之职。

【译文】

夏天，齐孝公派军队攻打鲁国北面。

鲁僖公派展喜去犒劳齐军，并让他向展禽请教。齐军
还未入境，展喜就去见孝公，说："我们国君听说您亲自
来此，将要驾临我国，就派我来犒劳军队。"齐侯问："鲁
国人害怕吗？"展喜答："小人害怕，君子却不怕。"齐侯

说:"室内空洞无物,野外连青草都没有,依靠什么才不害怕?"展喜答:"依靠的是先王的命令。从前周公、姜太公都是周王室的股肱之臣,一起辅佐成王。成王慰劳他们,让他们结盟,说:'世世代代的子孙都不要互相谋害啊!'这些话都记载在盟府之中,由太史保管。齐桓公因此才联合诸侯,对不团结的国家进行调解,弥补他们的过错,救赎他们的灾难,彰显太公的职责。等到您即位,各国都盼望说:'他定会延续齐桓公的功业。'我们鲁国因此不敢聚众防守,说:'难道说齐侯即位才九年,就背弃了太公的职责了吗?怎么对得起他的先君?齐侯一定不会这样做的。'我们依靠这些才不害怕。"听完这些话,齐侯就率军回国了。

晋楚城濮之战

【解题】

城濮之战是春秋时期晋、楚两个大国之间的一次重要战役。

鲁僖公年间,南方的楚国日渐强盛,逐渐向北扩张,威胁到了中原各国的安全。为遏制楚国的势头,也为奠定霸业,中原大国晋国与楚国之间必有一战。

本文以宏伟的篇幅,将这次战役的前因后果如画卷般平展铺开，双方的主要将领如先轸、狐毛、子玉等形象，都被刻画得惟妙惟肖。文章从内政、外交、士气、计策、战备等各方面详尽剖析了双方的得失，真正描写战争的文字虽然极少，但在战前战后一个个牵一发而动全身的事件中，将双方的交锋描绘得淋漓尽致。

城濮之战头绪纷杂，线索极多，作者能将之驾驭得井井有条，写就如此佳作，足见其功力。

【原文】

楚子将围宋，使子文治兵于睽，终朝而毕，不戮一人。子玉复治兵于蒍①，终日而毕，鞭七人，贯三人耳。国老皆贺子文，子文饮之酒。蒍贾尚幼，后至，不贺。子文问之，对曰："不知所贺。子之传政于子玉，曰：'以靖国也。'靖诸内而败诸外，所获几何？子玉之败，子之举也。举以败国，将何贺焉？子玉刚②而无礼，不可以治民。过三百乘，其不能以入矣。苟入而贺，何后之有？"

冬，楚子及诸侯围宋，宋公孙固如晋告急。先轸③曰："报施救患，取威定霸，于是乎在矣。"狐偃曰："楚始得曹而新昏④于卫，若伐曹、卫，楚必救之，则齐、宋免矣。"

于是乎蒐⑤于被庐，作三军，谋元帅。赵衰曰："郤縠⑥可。臣亟闻其言矣，说礼乐而敦《诗》《书》。《诗》《书》，义之府也。礼乐，德之则也。德义，利之本也。《夏书》曰：'赋纳以言，明试以功，车服以庸。'君其试之。”乃使郤縠将中军，郤溱佐之；使狐偃将上军，让于狐毛，而佐之；命赵衰为卿，让于栾枝⑦、先轸。使栾枝将下军，先轸佐之。荀林父御戎，魏犨⑧为右。

晋侯始入而教其民，二年，欲用之。子犯曰：“民未知义，未安其居。”于是乎出定襄王，入务利民，民怀生⑨矣，将用之。子犯曰：“民未知信，未宣其用。”于是乎伐原以示之信。民易资者不求丰焉，明征其辞。公曰：“可矣乎？”子犯曰：“民未知礼，未生其共⑩。”于是乎大蒐以示之礼，作执秩以正其官，民听不惑而后用之。出縠戍，释宋围，一战而霸，文之教也。

二十八年春，晋侯将伐曹，假道于卫，卫人弗许。还，自南河济。侵曹、伐卫。正月戊申，取五鹿。二月，晋郤縠卒。原轸将中军，胥臣佐下军，上德也。晋侯、齐侯盟于敛盂。卫侯请盟，晋人弗许。卫侯欲与楚，国人不欲，故出其君以说于晋。卫侯出居于襄牛。

公子买戍卫，楚人救卫，不克。公惧于晋，杀子丛以说焉。谓楚人曰：“不卒戍也⑪。”

晋侯围曹，门焉，多死。曹人尸诸城上，晋侯患之，听舆人之谋曰：“称‘舍于墓’。”师迁焉，曹人凶惧，为其所得者，棺而出之，因其凶也而攻之。三月丙午，入曹。数之，以其不用僖负羁而乘轩者三百人也。且曰：“献状。”令无入僖负羁之宫，而免其族，报施也。魏犨、颠颉怒曰：“劳之不图，报于何有！”爇⑫僖负羁氏。魏犨伤于胸，公欲杀之，而爱其材，使问，且视之。病，将杀之。魏犨束胸见使者曰："以君之灵，不有宁也。"距跃三百，曲踊三百，乃舍之。杀颠颉以徇^⑬于师，立舟之侨以为戎右。

宋人使门尹般如晋师告急。公曰："宋人告急，舍之则绝，告楚不许。我欲战矣，齐、秦未可，若之何？"先轸曰："使宋舍我而赂齐、秦，藉之告楚。我执曹君，而分曹、卫之田以赐宋人。楚爱曹、卫，必不许也。喜赂怒顽，能无战乎？"公说，执曹伯，分曹、卫之田以畀^⑭宋人。

楚子入居于申，使申叔去穀，使子玉去宋，曰："无从晋师。晋侯在外十九年矣，而果得晋国。险阻艰难，备尝之矣；民之情伪，尽知之矣。天假之年，而除其害。天之所置，其可废乎？《军志》曰：'允当则归^⑮。'又曰：'知难而退。'又曰：'有德不可敌。'此三志者，晋之谓矣。"子玉使伯棼^⑯请战，曰："非敢必有功也，愿以间执谗慝之口^⑰。"王怒，少与之师，唯西广、东宫与若敖之六卒实从之。

子玉使宛春告于晋师曰："请复卫侯而封曹，臣亦释宋之围。"子犯曰："子玉无礼哉！君取一，臣取二，不可失矣。"先轸曰："子与之。定人之谓礼，楚一言而定三国，我一言而亡之。我则无礼，何以战乎？不许楚言，是弃宋也。救而弃之，谓诸侯何？楚有三施，我有三怨，怨仇已多，将何以战？不如私许复曹、卫以携之，执宛春以怒楚，既战而后图之。"公说，乃拘宛春于卫，且私许复曹、卫。曹、卫告绝于楚。

子玉怒，从晋师。晋师退。军吏曰："以君辟臣，辱也。且楚师老⑱矣，何故退？"子犯曰："师直为壮，曲为老。岂在久乎？微楚之惠不及此，退三舍辟之，所以报也。背惠食言，以亢⑲其仇，我曲楚直。其众素饱，不可谓老。我退而楚还，我将何求？若其不还，君退臣犯，曲在彼矣。"退三舍。楚众欲止，子玉不可。

【注释】

①莴（wěi）：楚国地名。

②刚：刚愎自用。

③先轸（zhěn）：晋国大夫，又名原轸。

④昏：同"婚"，结婚。

⑤蒐（sōu）：本意是在春天打猎。这里指集结军队。

⑥郤（xì）縠（gǔ）：晋国大夫。

⑦栾枝：晋国大夫，又称栾贞子。其子为栾盾，栾盾之子为栾书。

⑧魏犨（chōu）：晋国大夫。

⑨怀生：安居乐业。

⑩共：通"恭"，恭敬之心。

⑪不卒戍也：没有把戍守的任务进行到底。

⑫爇（ruò）：放火烧。

⑬徇（xùn）：示众。

⑭畀（bì）：给。

⑮允当则归：适可而止。

⑯伯棼（fén）：楚国将领，又名斗椒。

⑰间执谗慝（tè）之口：堵住进谗言的人的嘴。

⑱老：疲惫，士气低落。

⑲亢：同"抗"，庇护。

【译文】

楚成王将要包围宋国，派子文在睽地练兵，一早就结束了，没有惩罚一个人。后来子玉又在蒍地练兵，一整天才结束，鞭打七人，刺穿三人的耳朵。老臣们都祝贺子文，子文同他们饮酒。蒍贾年纪还小，最后来到，又不道贺。子文问他，回答说："不知道贺喜些什么。您将政权传给子玉，说：'为了安定国家。'安定国内却在外失败，得到了些什么呢？子玉的失败，是您举荐导致的，举荐他让国家失败，有什么值得贺喜的？子玉刚愎无礼，不能让他治理人民。如果统率超过三百乘兵车，就不会活着回来，如果他能回来，那时候再道贺也不迟吧？"

冬天，楚王同诸侯包围宋国，宋国的公孙固到晋国告急，先轸说："报答施舍，救援患难，获得威信，成就霸业，在此一举了。"狐偃说："楚国刚得到曹国，新近又同卫国联姻。如果攻打曹卫，楚国必然救他们，这样齐国宋国就免于危难了。"

于是晋国在被庐集结三军，商议元帅人选。赵衰说："郤縠可以。我曾听他说的话，喜爱礼乐而熟悉《诗经》《尚书》。《诗经》《尚书》是道义的仓库，礼乐是道德的准则。道德和道义，是利益的根本。《夏书》说：'选人要根据他说的话，公开试用要根据他做的事，赏赐车马衣服要根据他的功绩。'您不如试试他吧。"晋文公就派郤縠统领中军，郤溱辅佐；派狐偃统领上军，狐偃将职位让给狐毛，自己辅佐他；命赵衰为卿士，赵衰让给栾枝、先轸。派栾枝统领下军，先轸辅佐他。荀林父统领亲军，魏犨辅佐他。

晋文公刚回国时便教育人民，过了两年，想要用他们打仗。子犯说："人民还不知道道义，还没有安居乐业。"于是晋文公在外安定了周襄王的地位，在内施行有利于人民的政令。人民安居乐业，晋文公将要任用他们。子犯说："人民还不知道信用，没有表达愿意被任用的心愿。"晋文公就攻伐原地来表达信用。人民有做买卖的，不谋求利润，只求约定明白。晋文公说："可以征用他们了吗？"子犯说："人民还不知道礼节，没有生出恭敬之心。"晋文公就举行大阅兵来彰显礼仪，设立执秩官来纠正各个官员的职责，人民听了命令不疑惑，然后才任用他们。晋军赶走了穀地的驻军，解了宋国的包围，一战称霸，是文公教化国民的结果啊。

鲁僖公二十八年春天，晋文公将要攻打曹国，向卫国借道，卫国人不同意。回来后从南边渡过黄河，进攻曹国和卫国。正月戊申，打下了卫国的五鹿。二月，晋国郤縠去世，先轸统领中军，胥臣做了下军副帅，这是注重将领的品德的缘故。晋、齐两国国君在敛盂会盟。卫侯想要结盟，晋人不同意。卫侯想要同楚国结盟，国人不想，就赶走了他们的国君来取悦晋国。卫侯逃出后在襄牛居住。

公子买防守在卫国，楚人救援卫国，没有成功。鲁僖公害怕晋国，就杀了公子买取悦他们。欺骗楚人说："公子买之所以死，是因为他驻守没有到期就想回来。"

晋文公包围曹都，攻打城门，死伤很多。曹国人将晋军尸体挂在城墙上，晋文公十分担忧，听从众人的计谋说："声称'在曹国人的祖坟上驻扎'。"军队依计迁往曹国人墓地，曹国人十分恐惧，将晋军的尸体放在棺木里送了出来，晋军趁着曹军恐惧的时机攻城。三月丙午，进入曹都。晋文公数落曹国不任用僖负羁，而乘坐车驾的大官反而有三百人。又说："拿出功绩来，你们有什么能力居于高位。"晋文公下令不许进入僖负羁的住处，同时赦免了他的族人，报答昔日的恩惠。魏犨、颠颉愤怒地说："不报答我们的功劳，报答僖负羁做什么！"于是放火烧了僖负羁的家。魏犨的胸膛受伤了，晋文公想要杀掉他却爱惜他的才干，于是派人探望他。如果病重，就要杀掉他。魏犨用布带束胸，对使者说："凭借君王的保佑，我没事了。"向前跳跃三百下，曲身向上跳跃三百下，晋文公就放了他。杀了颠颉示众，任用舟之侨为车右。

宋人派门尹般到晋军告急，晋文公说："宋人告急，舍弃他们就断绝了来往，去向楚国求情，楚国必然不会允许。我想同楚国开战，但齐国、秦国还没有同意，怎么办？"先轸说："让宋国舍弃我们，而去贿赂齐国、秦国，让齐国、秦国替宋国向楚国求情。我们抓住曹国国君，将曹卫两国的土地赠给宋人。楚国同曹卫友好，必然不同意。齐秦两国喜爱贿赂，又愤怒楚国的顽固，能不打仗吗？"晋文公很高兴，就抓住曹君，将曹卫的土地赠给宋人。

楚王在申国驻扎，令申叔离开穀地，令子玉离开宋地，说："不要逼迫晋军。晋文公在外十九年了，结果得到了晋国。他尝尽了艰难险阻，对于民情真假，全都知晓了。上天让晋文公长寿，除掉了他的敌人，上天的安排，能废除吗？《军志》说：'适可而止。'又说：'知道困难就退却。'又说：'不能同有德的人为敌。'这三项记载，说的都是晋国啊。"子玉派伯棼请求作战，说："不敢说一定成功，只是想通过作战来堵住进谗言的小人之口。"楚王很生气，给他很少的军队，只有西广、东宫与若敖的一百八十辆战车跟随。

子玉派宛春对晋军说："请恢复卫侯的地位，把土地退还曹国，我就不再围困宋国。"子犯说："子玉无礼啊！做国君的只得到一项好处，做臣子的却得到两项，不能失去这个开战的机会。"先轸说："您答应他。安定别人这是礼，楚国一句话安定三国，我们一句话灭亡三国，我们就是无礼，如何来开战呢？不答应楚国，就是抛弃宋国。答应援救却抛弃它，怎么对诸侯交代？楚国有三项恩惠，我们有三项怨恨，怨仇已经这么多，将靠什么作战？不如私下许诺恢复曹、卫来拉拢他们，囚禁宛春来激怒楚国，其他问题等仗打完后再考虑。"晋文公很高兴，就在卫地囚禁了宛春，又私下许诺恢复曹、卫。曹、卫因此同楚国绝交。

子玉大怒，追击晋军，晋军撤退。军中的官吏说："君王躲避臣子，是耻辱，而且楚军已经疲惫了，为什么撤退？"子犯说："军队理直气才壮，理屈就会气衰，怎么会在于时间的长短呢？如果没有楚国的恩惠，我们到不了这里，后退九十里回避他们，是用这种方式来报答他们啊。背弃恩惠不守诺言，庇护他们的敌人，我们理屈而楚国理直。他们一向士气饱满，不能说是气衰。假使我们后退，楚军也回去，我们还有什么要求呢？如果他们不回去，国君后退而臣子进犯，理屈的就是他们了。"晋军退避九十里，楚人想要停止追击，子玉不同意。

【原文】

夏四月戊辰，晋侯、宋公、齐国归父、崔夭、秦小子慭次于城濮。楚师背酅而舍①，晋侯患之。听舆人之诵曰："原田每每，舍其旧而新是谋。"公疑焉。子犯曰："战也！战而捷，必得诸侯。若其不捷，表里山河，必无害也。"公曰："若楚惠何？"栾贞子曰："汉阳诸姬，楚实尽之。思小惠而忘大耻，不如战也。"晋侯梦与楚子搏，楚子伏己而盬②其脑，是以惧。子犯曰："吉。我得天，楚伏其罪，吾且柔之矣！"

子玉使斗勃请战，曰："请与君之士戏，君冯轼而观之，得臣与寓目③焉。"晋侯使栾枝对曰："寡君闻命矣。楚君之惠，未之敢忘，是以在此④。为大夫退，其敢当君乎！既不获命矣，敢烦大夫谓二三子：'戒尔车乘，敬尔君事，诘朝⑤将见。'"

晋车七百乘，鞁、靷、鞅、靽⑥。晋侯登有莘之虚以观师，曰："少长有礼，其可用也。"遂伐其木，以益其兵。己巳，晋师陈于莘北，胥臣以下军之佐当陈、蔡。子玉以若敖之六卒将中军，曰："今日必无晋矣！"子西将左，子上将右。胥臣蒙马以虎皮，先犯陈、蔡。陈、蔡奔，楚右师溃。狐毛设二旆⑦而退之，栾枝使舆曳柴而伪遁，楚师驰之，原轸、郤溱以中军公族横击之。狐毛、狐偃以上军夹攻子西，楚左师溃。楚师败绩。子玉收其卒而止，故不败。

晋师三日馆、谷，及癸酉而还。甲午，至于衡雍，作王宫于践土。

乡役⑧之三月，郑伯如楚，致其师。为楚师既败而惧，使子人九行成于晋。晋栾枝入盟郑伯。五月丙午，晋侯及郑伯盟于衡雍。

丁未，献楚俘于王：驷介百乘，徒兵千。郑伯傅王，用平礼也。己酉，王享醴⑨，命晋侯宥⑩。王命尹氏及王子虎、内史叔兴父，策命晋侯为侯伯，赐之大辂之服⑪、戎辂之服⑫，彤弓一，彤矢百，玈⑬弓矢千，钜鬯一卣⑭，虎贲三百人。曰："王谓叔父：'敬服王命，以绥四国，纠逖王慝。'"晋侯三辞，从命，曰："重耳敢再拜稽首，奉扬天子之丕显休命。"受策以出。出入三觐。

卫侯闻楚师败，惧，出奔楚，遂适陈。使元咺奉叔武以受盟。癸亥，王子虎盟诸侯于王庭，要言曰："皆奖王室，无相害也。有渝此盟，明神殛之，俾队其师，无克祚国，及而玄孙，无有老幼。"君子谓是盟也信，谓晋于是役也，能以德攻。

初，楚子玉自为琼弁⑬玉缨，未之服也。先战，梦河神谓己曰："畀余，余赐女孟诸之麋。"弗致也。大心与子西使荣黄谏，弗听。荣季曰："死而利国，犹或为之，况琼玉乎！是粪土也，而可以济师，将何爱焉？"弗听。出，告二子曰："非神败令尹，令尹其不勤民，实自败也。"既败，王使谓之曰："大夫若入，其若申、息之老何？"子西、孙伯曰："得臣将死，二臣止之，曰：'君其将以为戮。'"及连穀而死。晋侯闻之，而后喜可知也，曰："莫余毒也已！蒍吕臣实为令尹，奉己⑯而已，不在民矣。"

【注释】

①背酅（xǐ）而舍：背靠险要之地驻扎。酅，丘陵险要之地。

②鹽（gǔ）：吮吸。

③与寓目：陪同观看。

④是以在此：指退避三舍。

⑤诘（jí）朝（zhāo）：明天早晨。

⑥鞙（xiǎn）、靷（yǐn）、鞅（yāng）、靽（bàn）：指马身上的缰绳辔头之类，形容车马装备齐全。

⑦二斾（pèi）：两面大旗。古代只有中军主将才能树立二斾，狐毛借此迷惑敌人。

⑧乡役：指城濮之战。乡，通"向"。

⑨醴（lǐ）：甜酒。

⑩宥（yòu）：回敬。

⑪大辂（lù）之服：与礼车相配套的服饰仪仗。大辂，祭祀时乘的车。

⑫戎辂之服：与兵车相配套的服饰仪仗。

⑬旅（lú）：黑色。

⑭钜（jù）鬯（chàng）一卣（yǒu）：钜鬯，黑黍和香草酿造的香酒。卣，古代盛酒的器具。

⑮琼弁（biàn）：用美玉装饰的马冠。

⑯奉己：保全自己。

【译文】

夏四月初一，晋文公、宋成公、齐大夫归父和崔天、秦国的小子憖在城濮驻军。楚军背靠险要之地驻扎，晋文公十分担心。他听有人唱道："休耕之地草木茂盛，舍弃旧的而谋求新的。"文公有所疑虑。子犯说："战斗吧！战斗告捷，必然会得到诸侯的拥戴。如果没有取胜，我们有大山黄河作为天险，也不会受损。"文公说："那昔日流亡时楚国给我们的恩惠怎么办？"栾枝说："汉阳以北的姬姓国家，楚国已经基本吞并了。与其挂念着小小恩惠而忘记大的耻辱，不如战斗。"文公梦到与楚王搏斗，楚王伏在他身上吸食脑髓，因此十分恐惧。子犯说："吉利啊。我们得到上天，楚国伏地请罪，我们将要以柔克刚了！"

子玉派斗勃前去挑战，说："请允许我军同您的士兵较量一番，您靠着车轼观看，我子玉也陪您一起看。"晋文公派栾枝对答道："我们国君听到命令了。昔日楚王赐予的恩惠，还不敢忘记，因此退避三舍到了城濮。我们对于您尚且要退让，难道还敢抵挡楚君吗？既然不退军，那么请您告知贵军将校：'准备好你们的战车，忠君为国，明天早晨见面吧。'"

晋国兵车七百辆，装备十分齐整。晋文公登上有莘这个地方的旧城墙检阅军队，说："年少和年长的军人之间能相互礼让，这军队是可以用来作战了。"于是伐木补充兵器。初二，晋军在莘北排开，胥臣以下军副帅的职位抵挡陈、蔡的军队。楚国子玉以若敖的军士拱卫中军，说："今天一定消灭晋军！"子西率领左军，子上率领右军。晋下军副帅胥臣将虎皮蒙在马上，抢先攻打陈、蔡军队。陈、蔡军四处奔逃，楚右军由此溃败。晋狐毛竖起两面大旗，假装中军退去。栾枝让兵车拖着柴草假装逃跑，楚军见状追赶。原轸、郤溱带领中军的亲卫队横向切断，攻击楚军。狐毛、狐偃带上军在西边夹攻，楚左军溃败，楚军也就大败。幸亏子玉收兵不动，因此没有完败。

晋军进驻楚国军营休息了三天，吃了他们剩下的粮食。到初六回国。四月二十七日，晋军到达衡雍，在践土为周王建了一所王宫。

城濮之战三个月之前，郑伯将军队交给楚指挥，现在因为楚国的失败而恐惧，就派子人九向晋国求和。晋国的栾枝前往郑国同郑伯结盟。五月初九，晋文公同郑伯在衡雍会盟。

五月初十，晋文公把俘虏的楚军献给周天子，包括兵车一百辆，步兵一千人。郑伯代表周天子，用的是从前周平王接待晋侯的礼节。五月十二，周天子设宴，用甜酒招待晋文公，并允许晋文公向自己敬酒。天子还派尹氏及王子虎、内史叔兴父任命晋文公是诸侯霸主，赐给他宗庙祭祀用的衣服，红色弓一张，红色箭一百支，黑色弓十张，黑色箭一千支，黑黍和香草酿造的香酒一卤，勇士三百人，说："天子对您说：'请您恭敬地服从天子命令，安定四面的诸侯国，惩罚那些天子厌恶的人。'"晋文公多次辞谢，才接受了使命，说："重耳冒昧再拜叩首，一定接受并发扬天子重大的使命。"便接受册封离开了，前后一共朝见了周天子三次。

卫侯听说楚军失败，害怕，就逃到楚国，又逃到陈国。派元咺同叔武去接受晋文公的会盟。五月二十六，王子虎在周天子处同诸侯会盟，立下誓言："都扶助王室，不要互相加害，如谁违背盟约，神明便会惩罚他，让他军队败亡，国家覆灭，祸及子孙，无论老幼。"君子认为这个盟约被守住了，并认为晋国在这场战役中取胜，是因为能利用道德的力量。

起初，楚国的子玉为自己的马匹制作了镶嵌玉石的头冠，还没用过。战前，他梦到河神对自己说："送给我吧，我赐给你孟诸的沼泽。"子玉不给。大心与子西派荣黄劝谏他，他不听。荣黄说："只要有利于国家，就算死都可以做，何况是玉石！玉石不过是粪土，而可以用来帮助军队，为何还舍不得呢？"子玉不听。荣黄出来后告诉大心与子西："不是神明让子玉失败，是子玉不爱惜百姓，自己导致失败。"失败后，楚王派使者对他说："您如果回来，怎么向申、息的父老乡亲交代呀？"子西、孙伯说："子玉要自杀，我们制止了他，说：'你应该等着楚王来惩罚你。'"可是走到连谷，楚王的命令还没到，子玉就自杀了。晋文公听说这件事，十分欢喜，说："子玉一死就没人能危害我了！蒍吕臣继任令尹，他只会保全自己，不能为人民着想。"

烛之武退秦师

【解题】

本文可以称得上是《左传》中最精彩的辩论篇章之一。

秦军侵郑，郑国危在旦夕，烛之武不计个人安危，接受国君的重托去秦军求和。他并没有从自身的角度，卑下地乞求和平，而是站在秦国的角度，详尽分析了灭亡郑国不但无益于秦国，反倒增强了秦国最大的邻居、潜在的敌人晋国。烛之武的言辞恳切在理，句句深入人心，一席话说完，不用再开口求和，秦国不但答应退兵，还派几位大将帮助郑国防守。外交的魅力，在这篇文章中体现得淋漓尽致。

【原文】

九月甲午，晋侯、秦伯围郑，以其无礼于晋，且贰于楚①也。晋军②函陵，秦军氾南。

佚之狐言于郑伯曰："国危矣，若使烛之武见秦君，师必退。"公从之。辞曰："臣之壮也，犹不如人；今老矣，无能为也已。"公曰："吾不能早用子，今急而求子，是寡人之过也。然郑亡，子亦有不利焉！"许之。

夜缒而出，见秦伯，曰："秦、晋围郑，郑既知亡矣。若亡郑而有益于君，敢以烦执事。越国以鄙远，君知其难也，焉用亡郑以陪③邻？邻之厚，君之薄也。若舍郑以为东道主，行李之往来，共④其乏困，君亦无所害。且君尝为晋君赐矣，许君焦、瑕，朝济而夕设版焉，君之所知也。夫晋，何厌之有？既东封郑⑤，又欲肆其西封，若不阙⑥秦，将焉取之？阙秦以利晋，唯君图之。"秦伯说，与郑人盟，使杞子、逢孙、杨孙戍之，乃还。

子犯请击之。公曰："不可。微夫人之力不及此。因人之力而敝之，不仁；失其所与，不知；以乱易整，不武。吾其还也。"亦去之。

【注释】

①贰于楚：亲近楚国。

②军：驻扎。

③陪：通"倍"，增益。

④共：通"供"，供给。

⑤东封郑：向东侵略郑国来扩展疆界。封，疆界，这里是名词用作动词。

⑥阙：损害。

【译文】

九月初十，晋侯、秦伯率军包围郑国，原因是郑国当年对晋文公无礼，又亲附楚国。晋军驻扎在函陵，秦军驻扎在氾南。

佚之狐对郑伯说："国家危险了，如果派烛之武见秦伯，秦军必退。"郑伯听从了他的建议。烛之武推辞说："臣壮年时尚且不如别人，现在老了，什么事情都做不了了。"郑伯说："我不能早起用您，现在情况紧急才请求您，是我的过错。但是郑国灭亡对您也没有好处。"烛之武就答应了。

郑国人趁夜用绳子绑住烛之武的身子，从城墙上吊下去，烛之武去见秦伯，说："秦晋包围郑国，郑国已经知道要灭亡了。如果郑国灭亡有利于您，我又怎么敢这么晚来麻烦您呢？可是如果越过晋国而把遥远的地方作为边邑，您知道其中的艰难，为何要灭亡郑国来壮大晋国呢？晋国变强了，就相当于秦国变弱了。如果放弃进攻郑国，让郑国做东路上的主人，秦国使节来时，郑国会提供他们缺少的物资，这样对秦国没有危害。而且，您曾经对晋文公有所帮助，他许诺给您焦、瑕两地。没想到他早晨渡过黄河，晚上就筑城防守，这是您知道的。晋国哪有满足的时候？他们已然把郑国作为东边的疆界，又想在西方扩充版图，如果不侵占秦土，又到哪里索取土地？损害秦国来帮助晋国，请您好好考虑。"秦伯很高兴，就同郑人会盟，派杞子、逢孙、杨孙守卫郑国，自己率军回去了。

子犯请求攻击秦军，晋文公说："不行。如果不是依靠秦伯的力量，就没有我的今天。依靠别人却又抛弃它，是不仁；失掉盟国，是不智；用冲突来代替和睦，是不武。我们还是回去吧。"于是带着军队也退走了。

秦晋殽之战

【解题】

僖公三十年（前630），秦晋曾经联盟合围郑国，却被烛之武化解，秦人背弃晋国，反倒派杞子等三将帮助郑国守城。两年后，秦穆公听信杞子的情报，不听老臣蹇叔劝告，劳师远征。郑国早有防备，秦军不得不退兵。回国途中在殽山遭到了积怨已久的晋国军队的伏击，秦军大败，连主帅孟明视都被俘虏了。

本文即讲述了殽山之战的起因、经过、结果。文章对战事本身着墨不多，而是将重点集中在这场战役的前因后果上。其中秦国老臣蹇叔、郑商人弦高、晋文公夫人文嬴的智慧，以及文章最后秦穆公知错能改的精神，都给人留下了深刻印象。

【原文】

杞子自郑使告于秦曰："郑人使我掌其北门之管，若潜师以来，国可得也。"穆公访诸蹇叔。蹇叔①曰："劳师以袭远，非所闻也。师劳力竭，远主备之，无乃不可乎？师之所为，郑必知之，勤而无所，必有悖心。且行千里，其谁不知？"公辞焉。召孟明、西乞、白乙，使出师于东门之外。蹇叔哭之，曰："孟子！吾见师之出，而不见其入也！"公使谓之曰："尔何知！中寿②，尔墓之木拱矣！"蹇叔之子与师，哭而送之曰："晋人御师必于殽。殽有二陵焉：其南陵，夏后皋之墓也；其北陵，文王之所辟风雨也。必死是间，余收尔骨焉。"秦师遂东。

三十三年春，秦师过周北门，左右免胄而下，超乘者三百乘。王孙满尚幼，观之，言于王曰："秦师轻而无礼，必败。轻则寡谋，无礼则脱。入险而脱，又不能谋，能无败乎？"

及滑，郑商人弦高将市于周，遇之，以乘韦③先，牛十二犒师，曰："寡君闻吾子将步师出于敝邑，敢犒从者。不腆敝邑，为从者之淹④，居则具一日之积，行则备一夕之卫。"且使遽告于郑。

郑穆公使视客馆，则束载、厉兵、秣马矣。使皇武子辞焉，曰："吾子淹久于敝邑，唯是脯资饩牵⑤竭矣。为吾子之将行也，郑之有原圃，犹秦之有具囿也，吾子取其麋鹿，以闲敝邑，若何？"杞子奔齐，逢孙、杨孙奔宋。孟明曰："郑有备矣，不可冀也。攻之不克，围之不继，吾其还也。"灭滑而还。

晋原轸曰："秦违蹇叔，而以贪勤民，天奉我也。奉不可失，敌不可纵。纵敌患生，违天不祥。必伐秦师！"栾枝曰："未报秦施而伐其师，其为死君⑥乎？"先轸曰："秦不哀吾丧而伐吾同姓，秦则无礼，何施之为？吾闻之：'一日纵敌，数世之患也。'谋及子孙，可谓死君乎！"遂发命，遽⑦兴姜戎。子墨衰绖⑧，梁弘御戎，莱驹为右。

夏四月辛巳，败秦师于殽，获百里孟明视、西乞术、白乙丙以归。遂墨以葬文公，晋于是始墨。

文嬴⑨请三帅，曰："彼实构吾二君，寡君若得而食之，不厌，君何辱讨焉？使归就戮于秦，以逞寡君之志，若何？"公许之。先轸朝，问秦囚。公曰："夫人请之，吾舍之矣。"先轸怒，曰："武夫力而拘诸原，妇人暂而免诸国，堕军实⑩而长寇仇，亡无日矣！"不顾而唾。公使阳处父追之，及诸河，则在舟中矣。释左骖，以公命赠孟明。孟明稽首曰："君之惠，不以累臣衅鼓，使归就戮于秦，寡君之以为戮，死且不朽。若从君惠而免之，三年将拜君赐⑪。"

秦伯素服郊次，乡师而哭，曰："孤违蹇叔，以辱二三子，孤之罪也。"不替孟明，曰："孤之过也，大夫何罪？且吾不以一眚⑫掩大德。"

【注释】

①蹇（jiǎn）叔：秦国老臣。

②中寿：中等寿命，指活到六七十岁。

③乘韦：四张熟牛皮。

④淹：逗留，耽搁。

⑤脯（fǔ）资饩（xì）牵：指干粮、肉食等。脯，干肉。资，食粮。饩，宰杀过的牲口的肉。牵，活的牲口。

⑥死君：指的是去世不久的晋文公。

⑦遽（jù）：立刻，马上。

⑧子墨衰（cuī）绖（dié）：晋文公的儿子晋襄公穿着黑色的丧服。墨，黑色，这里用作动词。衰绖，丧服。

⑨文嬴：晋文公的夫人，晋襄公的嫡母，是秦穆公的女儿。

⑩堕军实：毁弃战斗成果。

⑪拜君赐：拜谢您的恩赐。这是客套的说法，实际上是要再来复仇。

⑫眚（shěng）：眼睛的疾病，引申为过错。

【译文】

秦国将领杞子从郑国派人向秦穆公报信说："郑人派我掌管北门，如果您秘密派军队来，就可以得到郑国了。"秦穆公以这件事情去问蹇叔，蹇叔说："劳累军队奔袭远处，我从没听说过。军队劳累则力量衰竭，而远处的主人有所防备，恐怕不行吧？一旦出军，郑国必然知晓。军队辛苦却没有所得，必然心怀不满。而且行军千里，有谁不知道？"秦穆公不听他的话，召见孟明视、西乞术、白乙丙三个将领，派他们率军从东门外出兵。蹇叔哭道："孟明视啊！我见到你出兵，却看不到你回来啊！"秦穆公派人对他说："你知道什么？如果你活到六七十岁就死去的话，你墓地上的树就可以合抱了！"蹇叔的儿子也在军队中，蹇叔哭着送别他，说："晋国人必然在殽山埋伏，殽山有两座丘陵：南边的丘陵是夏后皋的坟墓，北边的丘陵是周文王躲避风雨的地方，你必然死在中间，我会收回你的尸骨。"于是秦军出发向东去了。

鲁僖公三十三年春，秦军经过周都城北门，大家都把头盔脱了下车步行，却有三百车军士刚下车便又登车而去。王孙满年纪尚小，看到这件事，对周王说："秦军轻率无礼，必然失败。轻率则缺少谋略，无礼则粗疏大意。到了险地粗疏大意，又没有谋略，能不失败吗？"

秦军到了滑国，郑商人弦高将要去周做生意，遇到了他们。弦高先送上四张熟牛皮，又奉上十二头牛犒劳秦军，说："我们国君听说将军将要率军经过敝国，就派我来慰问大家。我国资源不算丰厚，如果你们驻扎在这里，住一天我们就供养一天，如果只是过夜我们就准备一夜的守卫。"弦高马上又派人将这消息告诉郑国。

郑穆公派人去秦军驻扎的地方察看，见到他们打点好行装，厉兵秣马准备作战。就派皇武子辞谢说："你们在我国逗留得太久了，现在我们的吃的、喝的都没有了。请让我为你们送行，郑国的猎场原圃，就像是秦国的猎场具圃，请你们去那里猎杀麋鹿，让我们得到休息，可以吗？"杞子逃往齐国，逢孙、杨孙逃往宋国。孟明视说："郑国有防备了，不能图谋。进攻他们却攻不下，围住他们却不能持久，我们还是回去吧。"秦军灭掉滑国就回去了。

晋国的先轸说："秦穆公违背蹇叔的忠告，因贪心使得百姓劳苦，这是上天在帮助我们。机不可失，敌人不能放纵。纵敌就会生出祸患，违背天意就会不祥。必须攻打秦军！"栾枝说："还没有报答秦穆公的恩惠却攻打他的军队，心中还有死去的国君晋文公吗？"先轸说："秦国不来吊丧，反而攻打我们的同姓诸侯国，秦国已经无礼，还有什么恩惠呢？我听说：'一朝放纵敌人，是几代人的祸患。'为子孙后代谋划，可以说是先君的遗命啊！"于是发布了进攻秦军的命令，紧急调动姜戎部落参战。晋文公之子晋襄公穿着黑色的丧服上了战场，梁弘驾车，莱驹在车右。

夏天四月十三日，晋军在殽山打败秦军，擒获孟明视、西乞术、白乙丙而回国。于是大家穿上黑色丧服安葬晋文公，晋国穿黑色丧服的风俗也是从此开始的。

晋文公的夫人文嬴请求放了孟明视三人，说："他们在我们两国中挑拨离间，秦伯如果得到必然吃了他们也不解恨，何必劳您去惩罚他们呢？将他们放回秦国受死，来满足秦伯的意愿，如何？"晋襄公答应了。先轸朝见襄公，问起秦国俘虏的事情，襄公说："文赢请求，我放了他们。"先轸愤怒道："武人们出了大力气才在战场上将他们捉住，妇人说几句瞎话就放走了。这是毁坏自己的战果，来助长仇敌，灭亡的日子不远了！"说完没回头就往地上吐了口唾沫。襄公派阳处父追赶三人，到了河边，三人已经在舟中了。阳处父解下左车的骏马，说是襄公要赠予孟明视。孟明视跪拜说："承蒙襄公的恩惠，不杀我们去祭鼓，让我们回国受死。如果我们国君杀了我们，我们死而不朽。如果受到国君的恩惠免于一死，三年后我们将回来拜谢贵国国君的恩赐。"

秦伯穿着白色丧服到郊外等待他们，并对逃回的军士说："我违背蹇叔的忠言，让诸位都跟着受辱，是我的罪责。"他没有撤换孟明视三人的职务，说："是我的过错，你们有什么错？而且我不会因为一次过错来掩盖你们的大功劳。"

齐桓下拜受胙

【题解】

这篇文章记述了齐桓公在葵丘与诸侯相会时，接受周襄王赏赐胙肉的场面。在接受胙肉的过程中，齐桓公作为一代霸主，表现得谦恭有礼，其言行举动是当着诸侯面前做的，显然带有矫揉造作。这次的"表演"无疑是成功的。既给了周天子面子，符合自己打出的"尊王攘夷"名号，同时通过尊崇周天子使自己的霸权合法，达到挟天子以令诸侯的目的。

【原文】

夏，会于葵丘，寻盟，且修好，礼也。

王^①使宰孔赐齐侯胙，曰："天子有事于文武^②，使孔赐伯舅胙。"齐侯将下拜。孔曰："且有后命。天子使孔曰：'以伯舅耋^③老，加劳，赐一级，无下拜！'"对曰："天威不违颜咫尺，小白^④余敢贪天子之命'无下拜'？恐陨越于下，以遗天子羞，敢不下拜？"下，拜，登，受。

【注释】

①王：周襄王。
②文武：周文王、周武王。
③耋（dié）：七十岁。
④小白：齐桓公的名。

【译文】

夏天，齐桓公与众诸侯在葵丘相会，为的是重温旧有的盟约，使大家继续友好下去，这样做是合乎礼的。

周襄王派宰孔赐给齐桓公胙肉，说："天子正在祭祀文王和武王，派我来把这块胙肉赐给伯舅。"齐桓公将要下阶跪拜接受胙肉，宰孔连忙说："天子还有后面的命令。天子派我来时说：'伯舅年事已高，再加上对王室有很大功劳，所以加赐一等，不必下阶跪拜！'"齐桓公说："天子的威严离我的颜面不过咫尺距离，小白我怎么敢受天子的命令而'不必下阶跪拜'？我担心这样会违背礼法，给天子带来羞辱，我怎么敢不下阶跪拜？"齐桓公于是下阶，跪拜，再登堂，接受胙肉。

阴饴甥对秦伯

【题解】

晋惠公依靠秦穆公的帮助，回国继承了君位，却以怨报德，于是秦穆公出兵讨伐晋国，晋惠公兵败被俘。作为战败国的使臣，阴饴甥奉命到秦国求和。文中，阴饴甥利用回答问题的机会，将国人分为"君子""小人"两类人，引用这两类人的不同认识，既承认晋惠公的罪过，向秦国服罪；又表明晋国坚定不屈的斗志。言辞不亢不卑，恰到好处，赢得了秦穆公的尊敬。

【原文】

十月，晋阴饴甥①会秦伯②，盟于王城。

秦伯曰："晋国和乎？"对曰："不和。小人耻失其君而悼丧其亲，不惮征缮以立圉也。曰：'必报仇，宁事戎狄。'君子爱其君而知其罪，不惮征缮以待秦命。曰：'必报德，有死无二。'以此不和。"

秦伯曰："国谓君何？"对曰："小人戚，谓之不免；君子恕，以为必归。小人曰：'我毒秦，秦岂归君？'君子曰：'我知罪矣，秦必归君。贰而执之，服而舍之，德莫厚焉，刑莫威焉。服者怀德，贰者畏刑，此一役也，秦可以霸。纳而不定，废而不立，以德为怨，秦不其然。'"秦伯曰："是吾心也。"改馆晋侯，馈七牢③焉。

【注释】

①阴饴甥：晋国大夫。

②秦伯：秦穆公。

③牢：牛、羊、猪各一头为一牢。

【译文】

十月，晋国大夫阴饴甥会见秦穆公，并在王城结盟。

秦穆公问他："晋国内部和睦吗？"阴饴甥说"不和睦。小人以失去国君而感到耻辱，又因亲人在战场上死去而哀伤，不怕加征赋税，添置武器盔甲，拥立太子圉继任国君。说：'一定要报这个仇，为了这个宁可事奉戎狄。'君子爱护自己的国君，也知道他的过错，不怕加征赋税，添置武器盔甲，为的是等待秦国的命令，说：'一定要报答秦国的恩德，即便为此死去也不改变。'这样一来，内部就不和睦。"

秦穆公又问："晋国人认为秦国会如何处置晋君？"阴饴甥说："小人发愁，认为自己的国君得不到赦免；君子则很宽心，认为秦国一定会放国君回来。小人说：'我们害苦了秦国，秦国怎么可能放国君回来？'君子说：'我们已经认罪了，秦国必定会让国君回来。他有二心，就抓起来；认罪了，就放了他。再没有比这更厚的恩德了，也没有比这更威严的责罚了。内心臣服的自然对秦国感恩戴德，有二心的则会惧怕刑罚。通过这一仗，秦国可以成就霸业了。当初秦国帮国君回国继位，又不让他安于其位；后来废了他的君位，又不另立新君，使原来的恩德变成仇恨，秦国总不会这样做吧！'"秦穆公说："你讲的正是我的心意啊！"于是马上就把晋惠公安置在宾馆，赠送牛、羊、猪各土头给他。

介之推不言禄

【题解】

介子推的故事家喻户晓。其人不贪功不好利，孝顺母亲。最为重要的是，他心口合一，不伪善。晋文公登基为君后，大赏功臣，介子推没有求赏，晋文公一时疏忽，也没有给予封赏。介之推认为晋文公能做国君，是应了天命，臣子不应该邀功请赏。母亲明白了介之推的想法后，决定和儿子一起隐居。介子推忠君赴义、鄙弃功利的气节，流芳百世，体现了正道之义。

【原文】

晋侯①赏从亡者，介之推不言禄，禄亦弗及。

推曰："献公之子九人，唯君在矣。惠、怀无亲，外内弃之。天未绝晋，必将有主。主晋祀者，非君而谁？天实置之，而二三子②以为己力，不亦诬乎？窃人之财，犹谓之盗，况贪天之功以为己力乎？下义其罪，上赏其奸。上下相蒙，难与处矣。"其母曰："盍亦求之？以死，谁怼？"对曰："尤③而效之，罪又甚焉！且出怨言，不食其食。"其母曰："亦使知之，若何？"对曰："言，身之文也。身将隐，焉用文之？是求显也。"其母曰："能如是乎？与女偕隐。"遂隐而死。

晋侯求之，不获，以绵上为之田，曰："以志吾过，且旌善人。"

【注释】

①晋侯：晋文公。

②二三子：追随晋文公逃亡的大臣。

③尤：过错，罪过。

【译文】

晋文公赏赐那些跟随他逃亡的人，介之推没有提出爵禄要求，因此奖赏也没有给他。

介之推说："献公的儿子有九个，如今只有国君还在世。惠公、怀公没有亲近之人，国内外都厌弃他们。老天开眼没有断绝晋国的后嗣，一定会有新的国君。主持晋国祭祀的人，不是国君又会有谁呢？实在是上天要立新国君，而那几个臣子以为是自己的力量，这不是欺人吗？偷窃别人家的财物，还被称为盗贼，何况窃取老天的功劳当作自己的功劳呢？下面的人赞同他们这种欺人的行为，上面的人对这种欺骗进行奖赏，上下相互欺瞒，这样我就很难和他们相处了。"他的母亲说："你为什么不去请求赏赐？不然就这样死去，又怨恨谁呢？"介之推说："明明知道是错的却又去效法他们，罪过就更大了。而且我已经发出怨言，就不可再接受国君的俸禄了。"他的母亲说："那也要让国君知道你的想法，怎么样？"介之推回答说："言语，是身上的纹饰。身体准备隐藏起来，哪里还用得着纹饰？这样做就是为了显露自己罢了。"他的母亲说："你能做到像你说的那样吗？我和你一同隐居。"于是母子两人隐居到死。

晋文公派人寻找介之推没有找到，就把绵上作为介之推的封地，说："以此记载我的过失，并且表彰好人。"

卷六 文公

（元年—十八年）

秦穆公杀子车氏三子

【解题】

殉葬是一种恶习，但在春秋之前，此事十分普遍，人们不以为意。《墨子·节葬》篇记载说："天子杀殉，众者数百，寡者数十；将军大夫杀殉，众者数十，寡者数人。"本篇的故事背景，便是秦穆公死后，让一百七十七人陪葬的史实。

秦国百姓已经深切意识到殉葬制度的恶劣，当子车氏三位贤明的儿子被殉葬时，他们悲切地创作了《黄鸟》一诗，表达对三人的哀悼和对穆公的讽刺。文章将春秋后期秦国的衰落与秦穆公的德行不彰相联系，引人思索：如果国君没有美好的品德，国家就不能强大起来。

【原文】

秦伯任好卒。以子车氏之三子奄息、仲行、铖虎①为殉。皆秦之良也。国人哀之，为之赋《黄鸟》。

君子曰："秦穆之不为盟主也，宜哉。死而弃民。先王违世，犹诒②之法，而况夺之善人乎！《诗》曰：'人之云亡，邦国殄瘁。'无善人之谓。若之何夺之？古之王者，知命之不长，是以并建圣哲，树之风声，分之采物③，著之话言，为之律度，陈之艺极④，引之表仪，予之法制，告之训典，教之防利，委之常秩⑤，道之礼则，使毋失其土宜，众隶⑥赖之，而后即命。圣王同之。今纵无法以遗后嗣，而又收其良以死，难以在上矣。"君子是以知秦之不复东征也。

【注释】

①奄息、仲行、铖（qián）虎：三人皆为勇士。

②诒（yí）：遗留，留下。

③采物：指旗帜服饰等物品。

④艺极：准则。

⑤常秩：常设的官职。

⑥众隶：追随他的众人。

【译文】

秦穆公任好去世，用子车氏的三个儿子奄息、仲行、铖虎殉葬。这三人都是秦国的好人。国人为他们哀痛，写了《黄鸟》。

君子说："秦穆公当不上盟主，是理所应当的。死了还抛弃百姓。先王去世时还留下了法则，怎能死后还夺取好人的生命呢？《诗经》说：'人死去，国家就衰弱了。'说的就是没有好人。我们只怕没有好人，怎能去夺走他们的生命？从前的君王知道生命是不能长久的，因此选贤任能，树立教化风气，分给大家旗帜服饰，将教言写到书中，并定下律法，颁布准则，树立表率，教人们运用法规，告诉人们法典的含义，教导人们如何防止营私舞弊，委任人们官职，教导人们礼仪，让人们不要失去因地制宜的法律，大家都能互相信赖，然后才死去。圣人和先王都是这样做的。现在秦穆公纵容无法无天的行为来遗留给后世，又把好人杀了殉葬，实在难以称得上是国君！"君子因此知道，秦国不可能再向东征伐了。

郑子家告赵宣子

【题解】

郑国处于两个强国晋楚之间，察言观色，仰人鼻息，日子过得苦不堪言。晋国认为郑国投靠楚国，对此很是不满，在会合诸侯时没有会见郑穆公。郑国执政大夫子家便给晋国的执政大夫赵宣子写了封信。在信中子家历数了郑君对晋国的朝见，表明自己对晋国的恭顺已无以复加，指出如果晋国再这样相逼，郑国就只好彻底投靠楚国，和晋国兵戎相见。子家在信中的声明，柔中带刚，有理有节，晋国最终跟郑国和解。

【原文】

　　晋侯蒐于黄父①，遂复合诸侯于扈，平②宋也。公③不与会，齐难故也。书④曰"诸侯"，无功也。于是晋侯不见郑伯⑤，以为贰于楚也。

　　郑子家⑥使执讯而与之书，以告赵宣子⑦曰："寡君即位三年，召蔡侯而与之事君。九月，蔡侯入于敝邑以行，敝邑以侯宣多之难，寡君是以不得与蔡侯偕。十一月，克减侯宣多而随蔡侯以朝于执事。十二年六月，归生佐寡君之嫡夷，以请陈侯于楚而朝诸君。十四年七月，寡君又朝以蒇陈事。十五年五月，陈侯自敝邑往，朝于君。往年正月，烛之武往朝夷也。八月，寡君又往朝。以陈蔡之密迩于楚，而不敢贰焉，则敝邑之故也。虽敝邑之事君，何以不免？在位之中，一朝于襄，而再见于君。夷与孤之二三臣，相及于绛。虽我小国，则蔑以过之矣。今大国曰：'尔未逞吾志。'敝邑有亡，无以加焉。古人有言曰：'畏首畏尾⑧，身其余几？'又曰：'鹿死不择音。'小国之事大国也，德，则其人也；不德，则其鹿也，铤而走险，急何能择？命之罔极，亦知亡矣。将悉敝赋以待于鯈，唯执事命之。文公二年六月壬申，朝于齐；四年二月壬戌，为齐侵蔡，亦获成于楚。居大国之间而从于强令，岂其罪也？大国若弗图，无所逃命。"

　　晋巩朔行成于郑，赵穿、公婿池为质焉。

【注释】

①黄父：地名，又名黑壤，在今山西翼城。

②平：讲和，和解。

③公：鲁文公。

④书：指《春秋》。

⑤郑伯：郑穆公。

⑥子家：郑国执政大夫。

⑦赵宣子：晋国执政大夫赵盾。

⑧畏首畏尾：暗喻郑国向北畏惧晋国，向南畏惧楚国。

【译文】

晋灵公在黄父阅兵，于是再次在扈地会合各诸侯国，准备与宋国和解。鲁文公没有参加会合，因为齐国入侵之难。《春秋》记载"诸侯"，因为平宋没成功。于是，晋灵公不愿意与郑穆公见面，是认为他依附了楚国。背叛了晋国。

郑国大夫子家派通讯官带上书信去晋国，向晋国的执政大夫赵宣子说："我国国君即位三年，召集蔡侯和他一起侍奉你们的国君。九月，蔡侯来到我国打算一起前往晋国，我国因为侯宣多造成的祸乱，所以国君不能和蔡侯一起去朝见你们的国君。十一月，平定了侯宣多之后，我国国君就马上和蔡侯一起来朝见你们的国君。十二年六月，归生我又辅佐我们国君的太子夷，为陈侯朝见晋国国君一事请求于楚国。十四年七月，我国国君又去朝见你们的国君，来完成有关陈侯朝见晋君的事。十五年五月，陈侯得以从我国前去晋国朝见。去年正月，烛之武为太子夷朝见晋君一事而前往晋国。八月，我国国君又去晋国朝见。陈国和蔡国离楚国很近，却又忠顺于晋国，这都是因为有我国在其中起作用的原因啊。我们郑国虽然一再为你们效劳，为什么还被认为有罪过呢？我国国君在位的时候，一次朝见你们的先君襄公，两次朝见现今的晋君。太子夷和我们的几个大臣，都相继来到绛都朝见你们的国君。虽然郑国是小国，但事奉大国的忠诚之心没有哪个国家能超过。现在大国却说：'你们还没有达成我的愿望。'要是这样，我国就只有等着灭亡了，因为我们再也没有办法增加事奉晋国的礼数了。古人说：'害怕头又害怕尾，身上还剩下什么地方是不害怕的呢？'还说：'鹿在要死的时候是不会选择荫凉的地方的。'小国效力大国，大国以恩德相待，那小国就会报答施以恩德的人；大国要是不以恩德相待，那么小国就会像鹿一样，狂奔赴险，情况危急，哪里还能选择呢？你们的责备我们无法理解，我们也知道自己就要灭亡了。只好集中所有的兵力在儵地等待，就只等您下命令了！郑文公二年六月壬申日，我们到齐国朝见齐国国君；四年二月壬戌日，我们替齐国攻占了蔡国，蔡是楚的属国，可是我们还是和楚国达成了和解。小国夹在大国之间，听从强国的命令，难道这有罪吗？大国如果不替我们小国着想，我们也就没办法逃避你们的命令了。"

　　晋国的大夫巩朔于是前往郑国讲和，把赵穿和公婿池作为人质留在郑国。

卷七　宣公

（元年—十八年）

晋灵公不君

【解题】

　　古人有强烈的忠君思想，但如果君王昏聩残暴，不行君道，做臣子的推翻他的统治，是否理所应当？本文便就这一问题进行了讨论。

　　晋灵公残暴无道，图谋杀害忠臣赵盾，国人讨伐灵公，赵盾却由于没有逃出国境，又不去捕杀弑君之人，落得一个"弑君"的恶名。孔子在称赞史官敢于秉笔直书、赵盾敢于为法受恶的评论中，透着深深的无奈。君王的神圣在当时深入人心，无论君王贤明还是昏庸，弑君的行为都被看作是一件恶行。

【原文】

　　晋灵公不君：厚敛以彫墙；从台上弹人，而观其辟丸也；宰夫胹熊蹯①不熟，杀之，置诸畚②，使妇人载以过朝。赵盾、士季③见其手，问其故，而患之。将谏，士季曰："谏而不入，则莫之继也。会请先，不入，则子继之。"三进，及溜④，而后视之，曰："吾知所过矣，将改之。"稽首而对曰："人谁无过，过而能改，善莫大焉！

《诗》曰：'靡不有初，鲜克有终⑤。'夫如是，则能补过者鲜矣。君能有终，则社稷之固也，岂惟群臣赖之。又曰：'衮⑥职有阙，惟仲山甫补之。'能补过也。君能补过，衮不废矣。"

犹不改。宣子骤谏，公患之，使鉏麑⑦贼之。晨往，寝门辟矣，盛服将朝。尚早，坐而假寐。麑退，叹而言曰："不忘恭敬，民之主也。贼民之主，不忠；弃君之命，不信。有一于此，不如死也。"触槐而死。

秋九月，晋侯饮赵盾酒，伏甲，将攻之。其右提弥明知之，趋登，曰："臣侍君宴，过三爵，非礼也。"遂扶以下。公嗾⑧夫獒焉，明搏而杀之。盾曰："弃人用犬，虽猛何为！"斗且出。提弥明死之。

初，宣子田于首山，舍于翳桑。见灵辄饿，问其病。曰："不食三日矣。"食之，舍其半。问之。曰："宦三年矣，未知母之存否，今近焉，请以遗之。"使尽之，而为之箪⑨食与肉，置诸橐⑩以与之。既而与为公介，倒戟以御公徒，而免之。问何故。对曰："翳桑之饿人也。"问其名居，不告而退。遂自亡也。

乙丑，赵穿攻灵公于桃园。宣子未出山而复。大史书曰："赵盾弑其君。"以示于朝。宣子曰："不然。"对曰："子为正卿，亡不越竟，反不讨贼，非子而谁？"宣子曰："乌呼！《诗》曰：'我之怀矣，自诒伊慼。'其我之谓矣。"孔子曰："董狐，古之良史也，书法不隐。赵宣子，古之良大夫也，为法受恶。惜也，越竟乃免⑪。"

宣子使赵穿逆公子黑臀于周而立之。壬申，朝于武宫。

【注释】

①腼（ér）熊蹯（fán）：炖熊掌。腼，煮烂，炖烂。熊蹯，熊掌。

②畚（běn）：用枝条变成的筐子。

③士季：又称士会、随季、随武子。

④及溜：到了屋檐下。溜，房顶瓦垅滴水处，此处指屋檐下。

⑤鲜（xiǎn）克有终：很少能有好的结果。鲜，很少。克，能够。终，好结果。

⑥衮（gǔn）：天子的衣服，代指周宣王。

⑦钼（chú）麑（ní）：晋国的大力士。

⑧嗾（sǒu）：呼唤犬的声音，此处用作动词。

⑨箪（dān）：盛饭用的竹筐。

⑩橐（tuó）：口袋。

⑪越竟乃免：孔子认为，赵盾如果出境，则君臣恩断义绝，可以不背负恶名，回来后也不必背负杀贼的责任。

【译文】

晋灵公不行为君之道：他横征暴敛来建造宫殿；在高台上用弹弓弹人，观看他们躲避弹丸的样子来取乐；厨子烹饪熊掌没有做熟，就被杀掉。将尸体放在筐子中，命妇女背着走过朝堂。赵盾、士季看到筐子中露出的手，问明原因后十分忧患，将要劝谏时，士季说："如果同时进谏而不被采纳，就不会有人进谏了，请让我先进谏，如果不成，你再继续。"士季行了三次大礼，向前走了三次到了殿堂的屋檐下，晋灵公才不得不接见他，说："我知道错了，将会改正。"士季叩拜说："人谁能没有过错，犯错误了能改正，就没有比这更好的了！《诗经》说：'没有人做事不肯善始，但很少有人可以善终。'正因此，能改正过错的人就很少。您如果有始有终，那么江山社稷就稳固了，有了依赖的岂止是群臣呢。《诗经》还说：'周宣王犯了错，他的臣子仲山甫帮助他改正。'说的也是改错的事情。您能改错，就不会荒废君王之道。"

晋灵公仍不改正，赵盾屡次进谏，灵公十分讨厌他，就派钮麑刺杀他。刺客一大早到了赵家，看到赵盾寝室的门开着，赵盾已经穿好衣服准备上朝。由于时候尚早，他就坐着闭目养神。钮麑退下了，暗中叹道："不忘记恭敬，就是人民的依靠。暗杀人民的依靠是不忠，背弃君王的命令是不信，不忠不信我必得其一，不如死了吧。"于是撞到槐树上死了。

秋天九月，灵公请赵盾喝酒，埋伏甲士想要杀了他。赵盾的车右侍卫提弥明发现了，说："臣子在宴会中侍奉君王，酒过三巡后还不告退就不合礼数了。"于是扶着赵盾下去了。灵公唤出恶犬，提弥明与之搏斗并杀掉了它。赵盾说："放弃人而用狗，狗虽然勇猛又能够做什么呢？"一路且战且退，提弥明为保护赵盾牺牲了。

起初，赵盾在首山打猎，在翳桑住宿。见到一个叫灵辄的人饿了，问他得了什么病。灵辄说："三天没吃饭了。"赵盾给他食物，他留下一半。赵盾问他为什么。他说："我出来当奴仆已经三年了，不知道母亲还在世吗，现在离家不远了，请让我将食物带给母亲。"赵盾让他吃完这顿饭，又另外准备了一筐食物和肉，放在袋子中给他。之后灵辄做了灵公的侍卫，他将戟倒过来抵抗灵公的卫士，使赵盾幸免于难。赵盾问他原因，他回答说："我是当年在翳桑的那个快要饿死了的人。"赵盾又问他姓名住处，他不告而退，赵盾自己也逃亡去了。

二十六日，赵穿在桃园杀了晋灵公，正在出逃的赵盾还没走出国境，就返回了。史官董狐记载道："赵盾杀了他的国君。"并公示在朝廷上。赵盾说："不是这样的。"董狐说："你是执政大臣，逃亡却没有走出国境，回来却不讨伐乱贼，不是你弑君又是谁？"赵盾说："哎呀！《诗经》说：'我太怀念祖国，反而给自己带来悲戚。'说的就是我这样的情况。"孔子说："董狐，古代的好史官，写历史不避讳。赵盾，古代的好大夫，为了遵守原则甘心承受恶名。可惜啊，如果他离开国境就会免于如此了。"

赵盾派赵穿去周接回了公黑臀并立他为君。十月初三，公子黑臀在武宫朝祭。

王孙满对楚子

【解题】

继晋文公称霸之后，南方的楚国逐渐强大，楚庄王一鸣惊人，有称霸天下之势。在一次与周王室的直接对话中，他咄咄逼人地询问鼎的轻重大小，染指王权之意暴露无遗。

作为周王室的代表，王孙满不卑不亢，机智地向庄王讲述了周之所以能王天下，在德不在鼎的道理，让兴致勃勃的庄王铩羽而归。

【原文】

楚子伐陆浑之戎，遂至于雒①，观兵于周疆。定王使王孙满劳楚子。楚子问鼎之大小轻重焉。对曰："在德不在鼎。昔夏之方有德也，远方图物，贡金九牧，铸鼎象物，百物而为之备，使民知神、奸。故民入川泽、山林，不逢不若。螭魅罔两②，莫能逢之。用能协于上下，以承天休③。桀有昏德，鼎迁于商，载祀六百。商纣暴虐，鼎迁于周。德之休明，虽小，重也。其奸回昏乱，虽大，轻也。天祚④明德，有所底止⑤。成王定鼎于郏鄏⑥，卜世三十，卜年七百，天所命也。周德虽衰，天命未改。鼎之轻重，未可问也。"

【注释】

①雒：雒水，今作洛水。

②螭（chī）魅罔两：又作魑魅魍魉，指的是山上的鬼怪和木石之怪，泛指鬼怪。

③休：保佑。

④祚（zuò）：赐福。

⑤厎（zhǐ）止：终止。

⑥郏（jiá）鄏（rǔ）：周王城所在地，在今河南洛阳。

【译文】

楚庄王征伐陆浑之戎，路过洛水，在周朝的疆域内陈兵炫耀。周定王派王孙满慰劳庄王，庄王问起鼎的大小轻重。王孙满回答说："鼎的大小轻重，在于持鼎者的德行不在于鼎本身。昔日夏朝有德行的时候，将远方的山川物产都画成图，又用地方进贡的铜铸成了鼎，把天下诸般事物都铸在了鼎上，让百姓知道神灵和奸邪。因此百姓进入山林沼泽时，就不会遇到不顺心的事。魑魅魍魉也不能作祟。因此能让上上下下都相互协调，来接受上天的保佑。夏桀昏庸，鼎就迁到了商朝，绵延六百年。商纣王暴虐，鼎就迁到了周朝。如果道德美好，鼎虽然很小，但实际却很重。如果奸诈昏乱，鼎铸得再大，实际也很轻。上天赐福给道德美好的人，也是有时限的。周成王定鼎郏鄏，占卜得知能传三十代，七百年，这是上天的命数。周的德行虽然衰败了，但天命没有更改，鼎的轻重，还不能问啊。"

晋楚邲之战

【解题】

晋楚邲之战是在楚庄王彻底平定若敖氏之乱后发生的。此时，楚国国势逐渐稳定，楚庄王又任用孙叔敖、伍参等贤才，楚国迅速强大起来。反观晋国，在赵盾死后，晋国的核心权力成为几个大家族追逐的对象，他们明争暗斗，极大地消耗了晋国的国力。

在国内动荡不安的政治环境下，晋国为争取霸权，与楚国在邲交战。

本文详细记叙了晋楚两军由准备作战到进行战斗的始末，表现了楚国君臣利用晋国内斗的弱点战而胜之的智慧。

【原文】

夏六月，晋师救郑。荀林父将中军，先縠①佐之。士会将上军，郤克②佐之。赵朔将下军，栾书③佐之。赵括、赵婴齐④为中军大夫，巩朔、韩穿为上军大夫，荀首、赵同⑤为下军大夫，韩厥⑥为司马。

及河，闻郑既及楚平，桓子欲还，曰："无及于郑而剿民，焉用之？楚归而动，不后。"

随武子曰："善。会闻用师，观衅而动。德、刑、政、事、典、礼不易，不可敌也，不为是征。楚军讨郑，怒其贰而哀其卑，叛而伐之，服而舍之，德刑成矣。伐叛，刑也；柔服，德也。二者立矣。昔岁入陈，今兹入郑，民不罢劳，君无怨讟，政有经矣。荆尸而举，商农工贾不败其业，而卒乘辑睦，事不奸矣。蒍敖⑦为宰，择楚国之令典，军行，右辕，左追蓐，前茅虑无，中权，后劲。百官象物而动，军政不戒而备，能用典矣。其君之举也，内姓选于亲，外姓选于旧；举不失德，赏不失劳；老有加惠，旅有施舍；君子小人，物有服章；贵有常尊，贱有等威，礼不逆矣。德立、刑行、政成、事时、典从、礼顺，若之何敌之？可见而进，知难而退，军之善政也。兼弱攻昧，武之善经也。子姑整军，而经武乎，犹有弱而昧者，何必楚？仲虺⑧有言曰：'取乱侮亡。'兼弱也。《汋》⑨曰：'於铄王师，遵养时晦。'耆⑩昧也。《武》⑪曰：'无竞惟烈。'抚弱耆昧，以务烈所，可也。"

彘子曰："不可。晋所以霸，师武臣力也。今失诸侯，不可谓力。有敌而不从，不可谓武。由我失霸，不如死。且成师以出，闻敌强而退，非夫也。命为军师，而卒以非夫，唯群子能，我弗为也。"以中军佐济。

知庄子曰："此师殆哉。《周易》有之，在《师》☷☵之《临》☷☱⑫曰：'师出以律，否臧凶。'执事顺成为臧，逆为否，众散为弱，川壅为泽，有律以如己也，故曰律。否臧，且律竭也。盈而以竭，夭且不整，所以凶也。不行谓之《临》，有帅而不从，临孰甚焉！此之谓矣。果遇，必败，彘子尸之。虽免而归，必有大咎。"

韩献子谓桓子曰："彘子以偏师陷，子罪大矣。子为元帅，师不用命，谁之罪也？失属亡师，为罪已重，不如进也。事之不捷，恶有所分，与其专罪，六人同之，不犹愈乎？"师遂济。

【注释】

①荀林父：晋国的执政，又称桓子、中行伯。先縠（hú）：又称彘子、原縠。

②郤（xì）克：又称郤献子、郤伯，郤缺之子。

③赵朔：又称赵庄子。栾书：又称栾武子、栾伯，是栾盾之子。

④赵括、赵婴齐：皆为赵盾的异母弟。

⑤荀首：荀林父的弟弟，又称知（zhì）庄子、知庄、知季，"知"为其食邑。赵同：赵婴齐的哥哥。

⑥韩阙：又称韩献子，韩万的玄孙。

⑦荮（wěi）敖：即孙叔敖，又称沈尹。

⑧仲虺（huǐ）：商汤王的大臣。

⑨《汋（zhuó）》：《诗经·周颂·汋》。汋，通"酌"。

⑩耆：致，此处指攻伐。

⑪《武》：《诗经·周颂·武》。

⑫在《师》䷆之《临》䷒: 从《师》卦到《临》卦的变化现象。从《师》到《临》, 其卦形只有初爻不同, 下文即是《师·初六》爻辞。

【译文】

鲁宣公十二年, 夏天六月, 晋军救援郑国。荀林父率领中军, 毙子担任副将辅佐他。士季率领上军, 郤克为副手。赵朔率领下军, 栾书为副将。赵括、赵婴齐为中军大夫, 巩朔、韩穿为上军大夫, 荀首、赵同为下军大夫, 韩厥为司马。

晋军抵达黄河后, 听闻郑国已经与楚国媾和, 荀林父想班师回朝, 说道: "郑国降楚的事实已经来不及挽回了, 如果我们还发兵扰民, 又有什么意义呢? 等楚军回国再出师, 也并不晚。"

士季说: "非常对。我听说, 用兵之道, 要伺机而动, 若一个国家的德义、刑罚、政律、事务、制度、礼仪都没有改变, 是不能与之敌对的, 我们不能讨伐这样的国家。楚军讨伐郑国, 是看不惯它的不忠而悲哀它的卑劣, 因郑国的背叛去征讨, 又因郑国的归顺而赦免, 德义、刑罚就都做到了。讨伐叛逆是刑罚; 使之臣服是德义, 这两件事便树立起来。去年楚国讨伐陈国, 今年又讨伐郑国, 百姓并不因此困顿, 也不抱怨君王, 政令就合乎情理。楚武王创下的荆尸阵法屡战屡胜, 商人、农民、工匠都不抛下他们的职业, 步兵与战车军团和睦, 各司其职, 两不相扰。

孙叔敖为令尹，制定符合楚国国情的典章，以及行军的规矩，让右军夹辕保护兵车前行，让左军汇集粮草柴薪以备安营扎寨，主将居中以便制定战略，精锐部队垫后。不同军团依据不同旗号的指挥分别行动，军中政务无须等待上级指示就已经整顿停当，这是楚国善于运用典章的表现。在任用人才上，选用与国君同姓的亲属，以及与国君异姓的旧臣后代；选拔时不遗漏有德才的人，赏赐时不忘记有功劳的人；更加关照老年人，给外来者提供居所；君子和小人，穿不同颜色的衣服；尊重德高望重的人，对贱民也有等级上的区别对待，可见楚国的礼仪也完备了。德义树立，刑罚分明，政令畅达，国事合理，典章遵旧，礼仪合适，像这样的国家怎能与之为敌呢？应该伺机而行，知难而退，这才是用兵之道。兼并弱小的国家，讨伐昏庸的国家，这才是用兵的意义。请您暂且整顿军队，演习战术，天下那么多小而昏庸的国家，为什么非要进攻楚国呢？仲虺曾说：'攻取混乱之国，讨伐衰亡之国。'说的就是兼并弱小的国家。《诗经·周颂·汋》中说：'周武王用精锐部队，去攻取昏昧国度。'说的就是要攻取昏庸的国家。《诗经·周颂·武》中说：'在周武王的伟业里，没有什么能比得上消灭商朝了。'安抚弱小的国家，进攻昏庸的国家，以求建功立业，是可行的。"

　　龚子说："不行。晋国称霸，靠的便是军队勇武、臣子效力。如果现今在诸侯中失去威信，就不能称为力量强大。面临大敌而不敢出兵，就不能算是武勇。如果国家因为我们失去霸权，我们还不如死掉。何况我们组成军队，刚听说敌人强大就打退堂鼓，算不上大丈夫。受国君之命担任统帅，而不能执行国君的命令，你们可以这样，我坚决不行。"于是彘子率中军渡过黄河。

荀首说："这支军队处境危险啊！《周易》有这样的情形，从'师卦'到'临卦'变化的爻辞说：'出兵必须讲究纪律。违反纪律就不吉利。'统帅率兵顺从这个道理取得成功就是'臧'，违反这个道理就是'否'。三军如离散就变得弱小，河川如堵塞就成为沼泽。有了纪律，军队不乱执行命令，就如同是统帅的意图，所以说，军队必须强调纪律，执行命令不顺当，纪律就不存在了。河川堵塞枯涸，万物会夭折或不完整，这是凶象。水不能流动叫作'临'。军队有统帅却不服从他的命令，还有比这更为严重的'临'吗？《周易》上说的就是这样了。若果真和楚军相遇，必定失败，彘子要负主要责任。即使彘子在战场上侥幸逃回，也一定会有大祸。"

韩厥对荀林父说："如果彘子率领的偏师失陷，您的罪责就大了。您作为元帅，军队不听从您的命令，这是谁的罪过呢？丧失属国，丢掉了彘子所率领的军队，罪责已经很重了，不如挥师进军。如果作战失利，大家可以一起分担罪责。与其让您一人承担罪责，倒不如六个人一起承当，不是会好一些吗？"晋军于是渡过了黄河。

【原文】

楚子北师次于郔①。沈尹将中军，子重将左，子反将右，将饮马于河而归。闻晋师既济，王欲还，嬖②人伍参欲战。令尹孙叔敖弗欲，曰："昔岁入陈，今兹入郑，不无事矣。战而不捷，参之肉其足食乎？"参曰："若事之捷，孙叔为无谋矣。不捷，参之肉将在晋军，可得食乎？"令尹南辕反旆，伍参言于王曰："晋之从政者新，未能行令。其佐先縠，刚愎不仁，未肯用命。其三帅者，专行不获，听而无上，众谁适从？此行也，晋师必败。且君而逃臣，若社稷何？"王病之，告令尹，改乘辕而北之，次于管③以待之。

晋师在敖、鄗④之间。郑皇戌使如晋师，曰："郑之从楚，社稷之故也，未有贰心。楚师骤胜而骄，其师老矣，而不设备，子击之，郑师为承，楚师必败。"郤子曰："败楚服郑，于此在矣，必许之。"栾武子曰："楚自克庸以来，其君无日不讨国人而训之于民生之不易，祸至之无日，戒惧之不可以怠。在军，无日不讨军实而申儆⑤之于胜之不可保，纣之百克，而卒无后。训之以若敖、蚡冒⑥，筚路蓝缕，以启山林，箴之曰：'民生在勤，勤则不匮。'不可谓骄。先大夫子犯有言曰：'师直为壮，曲为老。'我则不德，而徼怨于楚，我曲楚直，不可谓老。其君之戎，分为二广，广有一卒，卒偏之两⑦。右广初驾，数及日中；左则受之，以至于昏。内官序当其夜，以待不虞，不可谓无备。子良，郑之良也。师叔，楚之崇也。师叔入盟，子良在楚，楚、郑亲矣。来劝我战，我克则来，不克遂往，以我卜也，郑不可从。"赵括、赵同曰："率师以来，唯敌是求。克敌得属，又何俟？必从彘子。"知季曰："原、屏，咎之徒也。"赵庄子曰："栾伯善哉，实其言，必长晋国。"

楚少宰如晋师，曰："寡君少遭闵凶，不能文。闻二先君⑧之出入此行也，将郑是训定，岂敢求罪于晋。二三子无淹久。"随季对曰："昔平王命我先君文侯曰：'与郑夹辅周室，毋废王命。'今郑不率，寡君使群臣问诸郑，岂敢辱候人？敢拜君命之辱。"彘子以为谄，使赵括从而更之，曰："行人失辞。寡君使群臣迁大国之迹于郑，曰：'无辟敌。'群臣无所逃命。"

楚子又使求成于晋，晋人许之，盟有日矣。楚许伯御乐伯，摄叔为右，以致晋师。许伯曰："吾闻致师者，御靡旌摩垒而还。"乐伯曰："吾闻致师者，左射以菆⑨，代御执辔，御下两马，掉鞅而还。"摄叔曰："吾闻致师者，右入垒，折馘⑩，执俘而还。"皆行其所闻而复。晋人逐之，左右角之。乐伯左射马而右射人，角不能进，矢一而已。麋兴于前，射麋丽龟。晋鲍癸当其后，使摄叔奉麋献焉，曰："以岁之非时，献禽之未至，敢膳诸从者。"鲍癸止之，曰："其左善射，其右有辞，君子也。"既免。

晋魏锜⑪求公族未得，而怒，欲败晋师。请致师，弗许。请使，许之。遂往，请战而还。楚潘党逐之，及荧泽，见六麋，射一麋以顾献，曰："子有军事，兽人无乃不给于鲜，敢献于从者。"叔党⑫命去之。

赵旃求卿未得，且怒于失楚之致师者。请挑战，弗许。请召盟，许之。与魏锜皆命而往。郤献子曰："二憾往矣，弗备必败。"郄子曰："郑人劝战，弗敢从也。楚人求成，弗能好也。师无成命，多备何为。"士季曰："备之善。若二子怒楚，楚人乘我，丧师无日矣。不如备之。楚之无恶，除备而盟，何损于好？若以恶来，有备不败。且虽诸侯相见，军卫不彻，警也。"郄子不可。

士季使巩朔、韩穿帅七覆于敖前，故上军不败。赵婴齐使其徒先具舟于河，故败而先济。

【注释】

①楚子：指楚庄王。郔（yán）：郑国属地，在今河南郑州。

②嬖（bì）：受宠。

③管：郑地，在今河南郑州。

④敖、鄗（qiāo）：两座山名。

⑤申儆：再三警告。

⑥若敖、蚡（fén）冒：楚武王以前的国君。

⑦广有一卒，卒偏之两：广、卒、偏均为楚国军队的编制单位。十五乘兵车为一偏，两偏为一卒，一卒就是一广。

⑧二先君：指楚成王、楚穆王。

⑨菆（zōu）：一种质地坚硬的箭。

⑩馘（guó）：杀敌割取左耳。

⑪魏锜（qí）：又称厨武子、吕锜。

⑫叔党：即前文的潘党。

【译文】

楚庄王率师北上到了郔地。沈尹率领中军，子重率领左军，子反率领右军，本想在黄河边让战马喝足了水就回国。现在听说晋军已渡过黄河，楚庄王想要回去，受宠的下臣伍参想要与晋国交战。令尹孙叔敖不同意，说："去年进兵陈国，现在又进兵郑国，楚国不是没有事呀，该休息休息了。如果和晋军打仗又不能取得胜利，你伍参的肉被吃掉够承担责任吗？"伍参说："如果作战取得胜利，就说明你孙叔敖没有谋略。如不能取胜，我的肉会落在晋军手中，你们怎么能够吃得到呢？"孙叔敖命令车辕向南，军旗转过方向，准备回国，伍参对楚王说："晋国的统帅荀林父刚做执政，威信不够，他的命令不能贯彻执行。他的副帅先縠刚愎自用、暴戾不仁，不肯服从命令。其他三军主帅，也不能专注地实施自己的意见。大家想要听命令，上级却没有权威，不知听从谁的命令？这次进军，晋师必定失败。况且如果楚国国君反倒逃避晋国臣子，这怎么对得起国家社稷呢？"楚庄王听了很不高兴，于是下令孙叔敖把车辕再转向北方，自己则驻扎在管地等待孙叔敖。

晋军驻扎在敖、鄗二山之间，郑国派皇戌作为使者前往晋军，说："郑国所以屈从楚国，是为了保全国家，实际上对晋国并没有二心。楚军的多次胜利使他们有了骄傲自满的情绪，他们的军队长期在外，士兵疲敝，士气衰落，而且他们又不设防。您攻击他们，郑军借机夹攻，楚军一定失败！"巯子说："打败楚国，使郑国屈服，就在此一战了，一定要答应他们的请求。"栾书说："楚国自从攻克庸国以来，他们的国君没有一天不检阅国内的人民并训导他们，百姓生计艰难而祸患随时会到来，因此要随时加强戒备不可松懈。楚王检阅军备，没有一天不检阅军官兵士并谆谆告诫他们，打仗不可能永保胜利，商纣王百战百胜，然而还是落得个国破身亡。楚王还用楚国先君若敖、蚡冒乘简陋的柴车、穿着破烂的衣服开辟疆土的事迹来训导他们，并用一句箴言告诫大家说：'百姓生存的关键在于勤劳，勤劳就不会贫困。'因此不能说楚军骄傲了。先大夫子犯曾说：'军队理直则气壮，理屈则气衰。'这次是我们行事不道德，与楚国结下仇怨，我军理屈而楚军理直，不能说楚军士气衰竭。楚国国君的卫队，分为左右二广，每广有兵车一卒，一卒有兵车两偏。右广清晨先驾起战车，守卫到中午；然后由左广接班守卫，一直到晚上。近卫侍臣依次值夜班，以防意外事件发生，因此不能说楚军没有防备。子良是郑国的杰出人物。师叔是楚国享有崇高地位的人物。师叔到郑国缔结盟约，子良作为质子留在楚国，可见楚、郑两国是很亲密的。如今郑国派皇戌来劝我们与楚国交战，我们取胜他们就来归服，我们不胜他们就去投靠楚国，按我的占卜，不能听从郑国的建议。"赵括、赵同说："我们率军来此，就是为了与敌人决战。打败楚国，得到属国，还等什么？一定要听郤子的话。"荀首说："赵括和赵同，是即将获罪的郤子的门徒。"赵庄子说："栾书所说是对的啊！按他的话去做，必定可以执掌晋国之政。"

楚国的少宰到晋军中，说："我们的君王年轻时遭逢不幸，缺乏文辞。听说我们的两位先君以前出入此路北上征战，只是打算训导和安定郑国，岂敢得罪晋国？请诸位将领不必久留。"士季回答说："从前周平王命令我们的先君文侯说：'晋国应该和郑国一同辅佐周室，不要违背我的命令。'如今郑国不遵从王命，我们君王派诸臣子质问郑国，岂敢涉及楚国的边境？如此才敢拜谢君王的命令。"郤子认为士季的话太谄媚，派赵括上去改口说："使者说错话了。我们君王派诸位臣子前来把大国的足迹迁出郑国，说：'不要回避敌人。'我们当臣子的没有办法逃避君王的命令。"

楚庄王又派使者到晋国求和，晋国人答应了，并且约定了结盟的日期。谁知，楚国的许伯为乐伯驾车，摄叔担任车右，向晋军挑战。许伯说："我听说挑战的一方，车左边的人驾着战车奔驰，军旗披靡，冲进敌人营垒而还。"乐伯说："我听说挑战的一方，左翼要用好箭射击，而且要替驾车的人执缰绳，让驾车的人去调整两服两骖的马，从容不惧。"摄叔说："我听说挑战的一方，车右边的人要在冲入敌军营垒的时候，砍杀敌人并割下左耳，生擒敌军后再返回。"他们三人都按照自己挑战时所说的动作完成了任务，才返回军营。晋国人追赶他们，从左右两边夹攻。乐伯从左边射马右边射人，使得两边的人不能前进。此时他只剩下一支箭了。突然，有麋鹿出现在他的面前，乐伯一箭射中麋鹿背上当中最高的地方。晋国的鲍癸正在他的后面，乐伯让摄叔把麋鹿献给鲍癸，说："由于时令不合，应该奉献禽兽的人尚未出现，请让我把这只麋鹿奉献给您的左右作为食物吧。"于是，鲍癸要部下不再追逐乐伯，说："他们的车左精通射箭，车右精通文辞，都是君子啊。"因此三人都免于被俘。

晋国的魏锜请求做公族大夫，没有做成，因而发怒，想使晋军失败。他请求挑战，没有获得统帅的同意。请求出使楚国，得到统帅的同意。于是他前往楚军驻地，请战以后返回。楚国的潘党追赶他。到达荥泽，魏锜看见有六只麋鹿，于是射死一只，回来献给潘党，说："您正在率军作战，主管田猎的官员难道不应该献给您的左右刚猎杀的猎物吗？谨把它奉献给您的随从。"于是，潘党下令部下不再追赶魏锜。

赵旃请求做卿而没有做成，而且恼火没有活捉楚国前来挑战的人。他请求去向楚军挑战，没有获得统帅的同意。又请求前往楚国讲和，得到统帅的同意。于是他和魏锜奉命一同前往楚国。郤克说："两个心怀不满的人去了，如果我们没有警备，必然会失败。"巩子说："郑国人劝我们对楚国作战，我们不敢听从；楚国人要与我们讲和，我们又不能同他们友好相处。打仗没有一成不变的策略战术，多做戒备有什么用？"士季说："还是多加戒备为好。假若这两个人激怒了楚国，楚国人乘机袭击我们，那么我们丧失军队的日子就不远了，不如小心提防着他们。如果楚国人没有恶意，我们就解除戒备，缔结盟约，怎么会损坏两国的友好呢？如果他们怀着恶意而来，我们有了防备，也就不会失败。况且即使是诸侯之间盟约，诸侯的卫队也是不会撤除的，这就是为了警卫戒备。"彘子不同意士季的建议。

事后看，正因士季派巩朔、韩穿在敖山前面七个地方埋伏了军队，所以晋国上军没有遭到失败。赵婴齐派他的属下预先在黄河岸边备好舟船，所以在晋军战败后他们能抢先渡河。

【原文】

潘党既逐魏锜，赵旃夜至于楚军，席于军门之外，使其徒入之。楚子为乘广三十乘，分为左右。右广鸡鸣而驾，日中而说①。左则受之，日入而说。许偃御右广，养由基为右。彭名御左广，屈荡为右。乙卯，王乘左广以逐赵旃。赵旃弃车而走林，屈荡搏之，得其甲裳。晋人惧二子之怒楚师也，使軘车②逆之。潘党望其尘，使骋而告曰："晋师至矣。"楚人亦惧王之入晋军也，遂出陈。孙叔曰："进之。宁我薄人，无人薄我。《诗》云：'元戎十乘，以先启行。'先人也。《军志》曰：'先人有夺人之心。'薄之也。"遂疾进师，车驰卒奔，乘晋军。桓子不知所为，鼓于军中曰："先济者有赏。"中军、下军争舟，舟中之指可掬也。

晋师右移，上军未动。工尹齐将右拒卒以逐下军。楚子使唐狡与蔡鸠居告唐惠侯，曰："不穀不德而贪，以遇大敌，不穀之罪也。然楚不克，君之羞也，敢藉君灵，以济楚师。"使潘党率游阙四十乘，从唐侯以为左拒，以从上军。驹伯曰："待诸乎？"随季曰："楚师方壮，若萃于我，吾师必尽，不如收而去之。分谤、生民，不亦可乎？"殿其卒而退，不败。

王见右广，将从之乘。屈荡户之，曰："君以此始，亦必以终。"自是楚之乘广先左。

晋人或以广队不能进，楚人惎③之脱扃④。少进，马还，又惎之拔旆投衡，乃出。顾曰："吾不如大国之数奔也。"

赵旃以其良马二，济其兄与叔父，以他马反，遇敌不能去，弃车而走林。逢大夫与其二子乘，谓其二子无顾。顾曰："赵傁⑤在后。"怒之，使下，指木曰："尸女于是。"授赵旃绥以免。明日以表尸之，皆重获在木下。

楚熊负羁囚知罃⑥，知庄子以其族反之，厨武子御，下军之士多从之。每射，抽矢，菆，纳诸厨子之房。厨子怒曰："非子之求，而蒲之爱，董泽之蒲，可胜既⑦乎？"知季曰："不以人子，吾子其可得乎？吾不可以苟射故也。"射连尹襄老，获之，遂载其尸。射公子穀臣，囚之。以二者还。

及昏，楚师军于邲，晋之余师不能军，宵济，亦终夜有声。

丙辰，楚重至于邲，遂次于衡雍。潘党曰："君盍筑武军，而收晋尸以为京观。臣闻克敌。必示子孙，以无忘武功。"楚子曰："非尔所知也。夫文，止戈为武。武王克商。作《颂》曰：'载戢⑧干戈，载櫜⑨弓矢。我求懿德，肆于时夏，允王保之。'又作《武》，其卒章曰：'耆定尔功。'其三曰：'铺时绎思，我徂维求定。'其六曰：'绥万邦，屡丰年。'夫武，禁暴、戢兵、保大、定功、安民、和众、丰财者也。故使子孙无忘其章。今我使二国暴骨，暴矣；观兵以威诸侯，兵不戢矣。暴而不戢，安能保大？犹有晋在，焉得定功？所违民欲犹多，民何安焉？无德而强争诸侯，何以和众？利人之几，而安人之乱，以为己荣，何以丰财？武有七德，我无一焉，何以示子孙？其为先君宫，告成事而已。武非吾功也。古者明王伐不敬，取其鲸鲵而封之，以为大戮，于是乎有京观，以惩淫慝⑩。今罪无所，而民皆尽忠，以死君命，又何以为京观乎？"祀于河，作先君宫，告成事而还。

是役也，郑石制实入楚师，将以分郑，而立公子鱼臣。辛未，郑杀仆叔及子服。君子曰："史佚所谓毋怙乱者，谓是类也。《诗》曰：'乱离瘼⑪矣，爰其适归？'归于怙乱者也夫。"

郑伯、许男如楚。

秋，晋师归。桓子请死。晋侯欲许之，士贞子谏曰："不可。城濮之役，晋师三日谷，文公犹有忧色。左右曰：'有喜而忧，如有忧而喜乎？'公曰：'得臣犹在，忧未歇也。困兽犹斗，况国相乎！'及楚杀子玉，公喜而后可知也，曰：'莫余毒也已！'是晋再克，而楚再败也，楚是以再世不竞。今天或者大警晋也，而又杀林父，以重楚胜，其无乃久不竞乎？林父之事君也，进思尽忠，退思补过，社稷之卫也，若之何杀之？夫其败也，如日月之食焉，何损于明？"晋侯使复其位。

【注释】

①说（shuì）：卸车，休止。

②轒（tún）车：用来防守的兵车。

③綦（jì）：教。

④扃（jiōng）：车上用来固定武器和插旗的横板。

⑤赵傁（sǒu）：这里指赵旃。傁，同"叟"。

⑥知罃（yīng）：荀罃，荀首的儿子，字子羽。

⑦既：通"摡"，取。

⑧戢（jí）：收藏兵器。

⑨櫜（gāo）：收藏弓箭的袋子。

⑩淫慝（tè）：指不敬之国。

⑪瘼（mò）：病，形容乱离之苦。

【译文】

潘党已经驱逐了魏锜，赵旃在夜晚来到楚军军营，铺着席子坐在军营门外，派他的属下进去通报。楚王卫队的战车三十乘，分为左右两广。右广清晨鸡鸣时起驾，到中午就解驾休息；左广马上接替它，日落时解驾休息。许偃驾驭右广，养由基担任车右；彭名驾驭左广，屈荡担任车右。六月十四日，楚庄王乘坐左广的指挥车，追逐赵旃。赵旃丢弃战车跑到树林里，屈荡徒手和他搏斗，扯下了赵旃的铠甲和下衣。晋国人担心魏锜、赵旃二人的行为激怒楚军，于是派防守用的兵车去接他们。潘党看到晋军兵车扬起的尘土，派人跑回去向楚军报告说："晋国军队来了。"楚国人也担心楚庄王陷入晋军的包围中，便出兵迎战。孙叔敖说："进军！宁可我们迫近敌人，不要让敌人迫近我们。《诗经》说：'裹着装甲的兵车十乘，抢先冲进敌人营垒。'说的就是要先发制人。《军志》说：'先发制人可以打掉敌人的斗志。'说的就是要采取主动迫近敌人。"于是楚军疾速进军，战车飞驰，步卒奔跑，攻击晋军。荀林父惊慌不知所措，急忙在军中击鼓，命令将士们说："先渡过黄河的人有重赏！"中军、下军彼此抢夺船只，后来的攀着船舷争渡，先上船的人害怕船沉，用兵器砍断后来者的手指，船中的断指多得可用手捧起来。

晋军的右军败走，上军仍在原地没有动。楚将工尹齐率领前锋右方阵的将士追击晋国的下军。这时楚庄王派唐狡和蔡鸠居报告唐惠侯说："我无德而又贪心，以致遇上强敌，这是我的罪过。然而楚国不能打败晋军，这也是君王您的羞耻，请允许我借用您的威望，来帮助楚军打败晋国。"接着，派潘党率领预备队的战车四十乘，跟随唐惠侯担任左方阵先锋，以迎击晋国的上军。驹伯说："我们要抵抗楚军吗？"士季说："现在楚军正是士气大振的时候，假如集中优势兵力来攻击我们，我军必然会死伤殆尽，不如赶快收兵撤离。分担战败的恶名，保全将士的生命，这不是也很好吗？"于是他们亲自殿后撤退，因此他们率领的军队没有被打败。

楚庄王看见右广战车，就准备坐上去。屈荡阻挡着他说："君王乘左广战车出战，也应该乘左广直到战斗结束，以免军中产生疑惑。"因此从这次战争起，楚国的兵车就以左广为上位。

晋国人有的兵车陷在路旁，不能前进，楚国人教他们抽掉车前的横板。向前没走多远，马又在原地兜圈子，楚国人又教他们拔掉大军旗，卷起来放在车前横木上，这样晋军兵车才勉强走了出来。晋军回过头来对楚军说："我们不像你们国家经常败逃，这么有经验啊。"

赵旃用他的两匹好马帮助他哥哥和叔父驾车逃跑，用别的马驾车返回，遇上敌人无法逃跑，就急忙丢下战车跑到树林里。晋国的逢大夫和他的两个儿子同乘一辆战车，他告诉两个儿子不要回头看。但儿子还是回头看了，喊道："赵老头子在后面。"逢大夫非常生气，让他们下车，指着一棵树说："我将在这里收你们的尸。"接着，给赵旃登车的皮带，让他上车逃跑。第二天，他按照所做的标记前往收尸，在树下得到重叠着的两个儿子的尸体。

楚国的熊负羁捉住了荀䓨，荀䓨的父亲荀首率领他的宗族家兵进行反攻，魏锜驾驭战车，下军的大多数士兵都跟着他冲了过来。荀首每次发射箭矢，就把好箭放在魏锜的箭袋里。魏锜怒气冲冲地说："不去救儿子，却爱惜箭矢，我们董泽的蒲柳多得很，你用得完吗？"荀首说："不抓到别人的儿子做人质，又怎能救回我的儿子呢？因此，我不能随便乱射。"荀首用箭射死了楚国连尹襄老，得到他的尸首，装在战车上；又射中楚公子穀臣，把他囚禁起来。荀首带了这两个人回到营中。

到了黄昏，楚军驻扎在邲城。晋国剩余的军队已经溃不成军，连夜渡过黄河，一整夜都可以听到喧嚷的声音。

六月十四日，楚军的辎重车队也进了邲城，于是军队驻扎在衡雍。潘党说："君王何不筑起显示武功的军垒，并掩埋晋军的尸首筑成高大的土丘来观示四方呢？小臣听说，打败了敌人，一定要把战果展示给子孙们看，让他们不忘记先君建立的武功。"楚庄王说："这并非你所理解的道理。说到文字结构，'止'字'戈'字合起来成为一个'武'字。周武王打败商朝以后，作《颂》说：'干戈收起没用场，弓箭收好袋中藏。追求美德有威望，广施善政定国邦，我的江山永固强。'又作《武》篇，它的最后一句说：'功成名就万民敬仰。'它的第三章说：'推行德政不间断，我去讨伐商纣谋太平。'它的第六章说：'自从武王平定天下，年年都是大丰收。'谈起武功，就是要禁绝强暴、消灭战争、保卫天下、建立功业、安定百姓、协调诸国、创造财富。因此要使子孙不要忘记这些诗章。如今我使楚、晋两国士兵战死沙场，尸骨暴露，这就是没有禁绝强暴；陈兵战场，炫耀武力，威胁诸侯，这是没有消灭战争。强暴而不消灭战争，怎么能够保卫天下？晋国现在仍然存在，如何能够建立功业？我所做的违背百姓希望的事还很多，百姓如何能够安定？没有仁德而强行与诸侯争夺霸主，用什么去协调诸侯各国？利用别人的危机牟取利益，而且以他人的动乱使自己安定，认为这是自己的荣誉，用什么来创造财富？周武王的武功有七种仁德，我一种都没有，用什么业绩展示给子孙们看？还是在衡雍为先君（楚成王、楚穆王）修建祠庙，向先君报告一下战争胜利就可以了。武功并不是我的功业。古代圣明之君讨伐不敬王命的国家，杀掉那些吞食弱小的坏人，把他们埋藏起来，把它当作大的杀戮，这样才有了掩埋尸体的高丘，用它来惩戒不敬王命的罪恶之人。现在晋楚双方都不是正义的战争，无处归罪，而将士都能尽忠而为君命战死，我又凭什么建造那高大的土丘呢？"于是，楚庄王在黄河边祭祀，修建了先君的祠庙，向先君报告对晋国用兵取胜后就回国了。

这场战役，其实是郑国的石制把楚军引入都城，想要分裂郑国，而立公子鱼臣为君。七月二十九日，郑国杀掉了鱼臣和石制。君子说："史佚所说的'不要倚仗动乱'，说的就是这类人。《诗经》里说：'百姓陷于乱离之苦，这要归罪于谁呢？'应当归罪于靠动乱牟取私利的人吧。"

郑襄公和许昭公到楚国去。

秋天，晋军回国，荀林父自请赐死。晋景公想答应他，士贞子劝谏说："不可以。在城濮之战时，晋军获胜后吃楚军留下的粮食有三天了，文公脸上还显露出担忧的神色。左右的人说：'有了胜利的喜事却表现得很忧愁，那么，如果有了忧愁的事而反而会表现得高兴吗？'文公说：'楚国的得臣还活在世上，我的忧愁还没有停止。被围困的野兽尚且还要和人决斗，何况是楚国的宰相呢？'等到楚王杀了得臣之后，文公才面露喜色说：'再也没有后患了啊！'得臣的死，是晋国的再次胜利，楚国的又一次失败，楚国因此有两代的时间不能成为晋国的对手。如今，或许邲之战是晋国的一次重大教训，而又要杀荀林父以让楚国再一次取得胜利，恐怕今后会有很长的时间无法成为楚国的对手吧？荀林父侍奉君王，进见您时竭尽忠诚，退朝后又能弥补过失，这是保卫国家的栋梁啊，像这样的人为什么要杀他呢？再说，他这次战败，好像发生日食月食一样，只是暂时让它们失去光芒，哪能遮挡它们的光辉呢？"晋景公让荀林父恢复了官位。

卷八 成公

（元年—十八年）

楚归晋知䓨

【解题】

晋国大夫知䓨在晋楚邲之战中被楚军俘虏，后来晋国与楚军交换战俘，楚庄王答应放回知䓨。

知䓨临行前，楚王意味深长地问了知䓨三个问题："你怨恨我吗？你感激我吗？你回去之后怎样报答我？"身为俘虏的知䓨不卑不亢，有礼有节地回答了这三个问题，不但没有辱没晋国的威严，反而在言辞之中，让对方看到了一个大国臣子的气节，由此肃然起敬。

【原文】

晋人归楚公子谷臣①与连尹襄老②之尸于楚，以求知䓨③。于是荀首佐中军矣，故楚人许之。

王送知䓨，曰："子其怨我乎？"对曰："二国治戎，臣不才，不胜其任，以为俘馘。执事不以衅鼓，使归即戮，君之惠也。臣实不才，又谁敢怨？"王曰："然则德我乎？"对曰："二国图其社稷，而求纾其民，各惩其忿以相宥④也，两释累囚以成其好，二国有好，臣不与及，其谁敢德？"王曰："子归，何以报我？"对曰："臣不任受怨，君亦不任受德，无怨无德，不知所报。"王曰："虽然，必告不穀。"对曰："以君之灵，累臣得归骨于晋，寡君之以为戮，死且不朽。若从君之惠而免之，以赐君之外臣首。首其请于寡君，而以戮于宗，亦死且不朽。若不获命，而使嗣宗职，次及于事，而帅偏师以修封疆，虽遇执事，其弗敢违。其竭力致死，无有二心，以尽臣礼，所以报也。"王曰："晋未可与争。"重为之礼而归之。

【注释】

①公子穀臣：楚庄王的儿子，被囚在晋。
②连尹襄老：连尹是官名，襄老是人名，楚臣。
③知罃（yīng）：荀罃，荀首之子，在晋楚邲之战中被楚国俘虏。
④宥（yòu）：原谅。

【译文】

晋国人要把楚国公子穀臣和连尹襄老的尸体送回楚国，以换回知罃。这个时候，荀首正担任晋国中军副帅，所以楚国同意了。

楚共王为知罃送行说："想必你会很恨我吧？"知罃回答："晋楚两国交战，我缺乏才能，无法胜任职务，于是成了楚国的俘虏。您的手下不杀我用血涂鼓，而把我送回晋国受罚，这是您的恩惠。我确实无能，敢怨恨谁呢？"楚王说："那你感激我吗？"知罃回答："两国都是为各自的利益考虑；希望为百姓解除困苦，各自克制怨怒，以求相互谅解。双方释放战俘，以成全两国和平相处。两国建立友谊这件事，我并未参与，敢感激谁呢？"楚共王说："你回晋国后如何来报答我呢？"知䓨回答说："我承受不了受人怨恨，您也承担不起受人感激。既无怨恨，又无恩德，不知我要向您报答什么。"楚共王说："虽然是这样，你也务必要告诉我你的想法。"知䓨回答："承蒙君王的赐福，我一个俘虏能把这把骨头带回晋国，就是晋国国君杀了我，我也死而无憾。如果依您的好意赦免我，就请将我交给您的使臣，请求我们君王依照家规在宗庙里处死我，我也死而不朽。如果君王不处死我，而让我继承祖宗的职务，按顺序要我担任军务要职，带军队去治理边境，就算遇到您的将帅也不敢违礼回避。我将鞠躬尽瘁，死而后已，没有其他念头，对我们君王尽到臣子之礼，这就是我报答君王的方式。"楚共王说："看来是不能与晋国相斗的。"于是，楚王特别礼遇知䓨，并将他送回晋国。

吕相绝秦

【解题】

本文记叙的是晋国大臣吕相接受使命，前往秦国下最后通牒的故事。

秦晋本是盟国，但后来双方互生嫌隙。吕相罗列了大量不利于秦国的事实，用出众的辩才加以概述，痛斥了秦国背信弃义的行为。其中犀利的言辞和咄咄逼人的气势，至今读来犹有拍案叫绝的冲动。

但吕相批判秦国的部分说辞，有牵强附会、一味将过错推给对方的毛病，不合历史事实。这一点是外交大忌，如果仔细推究，未免让这场酣畅淋漓的论辩逊色不少。

【原文】

夏四月戊午，晋侯使吕相绝秦，曰："昔逮我献公及穆公相好，戮力同心，申之以盟誓，重之以昏姻①。天祸晋国，文公如齐，惠公如秦。无禄，献公即世。穆公不忘旧德，俾我惠公用能奉祀于晋。又不能成大勋，而为韩之师。亦悔于厥心，用集我文公。是穆之成也。

"文公躬擐甲胄，跋履山川，逾越险阻，征东之诸侯，虞、夏、商、周之胤，而朝诸秦，则亦既报旧德矣。郑人怒君之疆埸②，我文公帅诸侯及秦围郑。秦大夫不询于我寡君，擅及郑盟。诸侯疾之，将致命于秦。文公恐惧，绥静诸侯，秦师克还无害，则是我有大造于西也。

"无禄，文公即世，穆为不吊，蔑死我君，寡我襄公，迭我殽地，奸绝③我好，伐我保城，殄灭我费滑，散离我兄弟，挠乱我同盟，倾覆我国家。我襄公未忘君之旧勋，而惧社稷之陨，是以有殽之师。犹愿赦罪于穆公，穆公弗听，而即楚谋我。天诱其衷④，成王陨命，穆公是以不克逞志于我。

"穆、襄即世，康、灵即位。康公，我之自出，又欲阙翦我公室，倾覆我社稷，帅我蝥贼，以来荡摇我边疆，我以是有令狐之役。康犹不悛，入我河曲，伐我涑川，俘我王官，翦我羁马，我是以有河曲之战。东道之不通，则是康公绝我好也。

"及君之嗣也，我君景公引领西望曰：'庶抚我乎！'君亦不惠称盟，利吾有狄难，入我河县，焚我箕、郜，芟⑤夷我农功，虔刘我边垂，我是以有辅氏之聚。君亦悔祸之延，而欲徼福于先君献、穆，使伯车来命我景公曰：'吾与女同好弃恶，复修旧德，以追念前勋。'言誓未就，景公即世，我寡君是以有令狐之会。君又不祥，背弃盟誓。白狄及君同州，君之仇雠，而我昏姻也。君来赐命曰：'吾与女伐狄。'寡君不敢顾昏姻。畏君之威，而受命于吏。君有二心于狄，曰：'晋将伐女。'狄应且憎，是用告我。楚人恶君之二三其德也，亦来告我曰：'秦背令狐之盟，而来求盟于我，昭告昊天上帝、秦三公、楚三王曰："余虽与晋出入，余唯利是视。"不穀⑥恶其无成德，则用宣之，以惩不壹。'诸侯备闻此言，斯是用痛心疾首，昵就⑦寡人。寡人帅以听命，唯好是求。君若惠顾诸侯，矜哀寡人，而赐之盟，则寡人之愿也，其承宁⑧诸侯以退，岂敢徼乱？君若不施大惠，寡人不佞⑨，其不能以诸侯退矣。敢尽布之执事，俾执事实图利之。"

【注释】

①昏姻：即婚姻，指晋献公将女儿嫁给秦穆公。

②郑人怒君之疆埸（yì）：郑国人侵犯您的疆域边界。怒，侵犯。埸，边界。

③奸绝：断绝，拒绝。奸，通"扞"。

④天诱其衷：当时的习惯用语，意为老天保佑我。

⑤芟（shān）：除草，收割。

⑥不穀（gǔ）：对自己国君的谦称。

⑦昵就：亲近。

⑧承宁：安定，止息。

⑨不佞：当时的礼貌用语，不才。

【译文】

夏天四月初五，晋侯派吕相去和秦国断交，说："昔日我晋献公同秦穆公交好，协力同心，用盟誓加以明确，用联姻加以巩固。天降灾祸给晋国，晋文公逃到齐国，晋惠公逃到秦国。后来献公不幸去世，秦穆公不忘记旧日恩德，让我们晋惠公回到晋国主持祭祀，但是没能完成这件功业，导致韩原之战。秦穆公对俘虏惠公非常后悔，因此又成就了晋文公，这是秦穆公的功劳。

"晋文公亲自身披甲胄，跋涉山川，翻越险阻，征伐东方诸侯，让虞、夏、商、周的后代，都到秦国朝见。这也报答了旧日的恩德。郑人侵犯你们的国境，我晋文公率领诸侯同秦军一道围困郑国，秦大夫没有告知文公，就与郑人会盟。诸侯十分生气，想要向秦国问罪，文公感到恐惧，就安抚了诸侯，秦军毫无损失地回国了，这是我们对秦国的大恩德。

"不幸文公去世了，秦穆公不来凭吊，蔑视文公，欺负襄公，突袭殽山，断绝同我们和好，攻打我保城，歼灭我盟友滑国，离间我兄弟之邦，扰乱我同盟之国，颠覆我国家。我晋襄公没有忘记秦穆公旧日的恩德，又惧怕社稷毁坏，因此有了殽山之战。我们仍然愿意原谅秦穆公，穆公却不听，反而联合楚国图谋我们。上天开眼，楚成王去世，秦穆公因此不能得逞。

"秦穆公、晋襄公去世，秦康公、晋灵公即位。秦康公是我晋国外甥，却又想歼灭我公室，颠覆我国家，率领背叛我们的恶贼，扰乱我边疆，我们因此发动了令狐之战。秦康公还不悔改，侵入我河曲，攻打我涑川，掳掠我王官，损害我羁马，因此我们发动河曲之战。现在两国互不交往，是因为秦康公杜绝我们好意。

"等到您即位，我晋景公伸长了脖子向西望道：'秦国差不多该安抚我们了吧！'您却不肯结盟，趁着我国狄人叛乱，侵入我河县，焚毁我箕、郜，割走我们的庄稼，杀戮我边境人民，我们因此将士兵聚集在辅氏。您也后悔祸乱延伸，又想向先君晋献公、秦穆公祈求福祉，就派伯车前来，命令我景公说：'我与你和好，抛弃仇恨，恢复旧日恩德，来追念从前。'誓言还没写下，景公去世了，我们晋厉公就与您有了令狐之盟。您又萌生不祥之心，背弃盟约。白狄与秦国在一个州，是您的仇敌，我们的婚姻之国。您降下了命令说：'我同你攻打狄人。'我们的国君不敢顾念婚姻，畏惧您的威势，就接受了您的使臣的命令。您却又分心向狄，说：'晋国将要攻打你们。'狄人表面应和，心中却很憎恨，因此将这些告诉我们。楚国人也厌恶您两面三刀的德行，也来告诉我们说：'秦国背弃令狐之盟，却来向我们要求结盟，昭告昊天上帝、秦三公、楚三王说："我们虽然同晋国往来，但我们唯利是图。"我们厌恶秦国没有德行，因此将这些宣告天下，来惩罚他们的言行不一。'诸侯听说这些话，都因此对秦国痛心疾首，来亲近我们的国君。我们国君率领诸侯听从您的命令，只希望得到友好。您如果可怜我们国君，赐予我们盟好，那是我们国君的愿望，我们答应带着诸侯退去，岂敢再谋求战乱？您如果不施加恩惠，那我们国君不才，也无法让诸侯退军了。我冒昧将我们的想法全都陈述给贵国，以便让你们认真考虑。"

晋楚鄢陵之战

【解题】

晋楚鄢陵之战，是继城濮之战、邲之战之后两国争霸的又一场大战役，在历史上具有重要意义。这一战役标志着楚国在中原争夺战中由盛转衰，楚国自此无力逐鹿中原，后来几乎被南方崛起的吴国灭亡。而作为获胜方的晋国也损失惨重，国力下降，再也无法恢复晋文公当年的霸业了。

【原文】

六月，晋、楚遇于鄢陵。范文子不欲战。郤至曰："韩之战，惠公不振旅；箕之役，先轸不反命；邲之师，荀伯不复从。皆晋之耻也。子亦见先君子事矣，今我辟楚，又益耻也。"文子曰："吾先君之亟^①战也，有故。秦、狄、齐、楚皆强，不尽力，子孙将弱。今三强服矣，敌，楚而已。唯圣人能外内无患。自非^②圣人，外宁必有内忧。盍释楚以为外惧乎？"

甲午晦，楚晨压晋军而陈。军吏患之，范匄^③趋进，曰："塞井夷灶，陈于军中，而疏行首^④。晋、楚唯天所授，何患焉？”文子执戈逐之，曰：“国之存亡，天也，童子何知焉？”栾书曰：“楚师轻窕，固垒而待之，三日必退。退而击之，必获胜焉。”郤至曰：“楚有六间，不可失也。其二卿相恶，王卒以旧，郑陈而不整，蛮军而不陈，陈不违晦⑤，在陈而嚣，合而加嚣，各顾其后，莫有斗心。旧不必良，以犯天忌，我必克之。”

楚子登巢车⑥，以望晋军。子重使太宰伯州犁侍于王后。王曰：“骋而左右，何也？”曰：“召军吏也。”“皆聚于中军矣。”曰：“合谋也。”“张幕矣。”曰：“虔卜于先君也。”“彻幕矣。”曰：“将发命也。”“甚嚣，且尘上矣。”曰：“将塞井夷灶而为行也。”“皆乘矣，左右执兵而下矣。”曰：“听誓也。”“战乎？”曰：“未可知也。”“乘而左右皆下矣。”曰：“战祷也。”伯州犁以公卒告王。苗贲皇在晋侯之侧，亦以王卒告。皆曰：“国士在，且厚，不可当也。”苗贲皇言于晋侯曰：“楚之良，在其中军王族而已。请分良以击其左右，而三军萃⑦于王卒，必大败之。”公筮之，史曰：“吉。其卦遇《复》䷗，曰：‘南国蹙⑧，射其元王，中厥目。’国蹙、王伤，不败何待？”公从之。

有淖⑨于前，乃皆左右相违于淖。步毅御晋厉公，栾鍼为右。彭名御楚共王，潘党为右。石首御郑成公，唐苟为右。栾、范以其族夹公行，陷于淖。栾书将载晋侯，鍼曰：“书退！国有大任，焉得专之？且侵官，冒也；失官，慢也；离局，奸⑩也。有三罪焉，不可犯也。”乃掀公以出于淖。

癸巳，潘尪①之党与养由基蹲甲而射之，彻七札焉。以示王，曰："君有二臣如此，何忧于战？"王怒曰："大辱国。诘朝尔射，死艺。"吕锜梦射月，中之，退入于泥。占之，曰："姬姓，日也；异姓，月也，必楚王也。射而中之，退入于泥，亦必死矣。"及战，射共王，中目。王召养由基，与之两矢，使射吕锜，中项，伏弢⑫。以一矢复命。

【注释】

①亟（qì）：屡次。

②自非：若非。

③范匄（gài）：范文子之子，又称范宣子。

④疏行首：使队伍行列间的道路拓宽。行首，即行道。

⑤违晦：古代讲究晦日不能作战，需回避。

⑥巢车：一种有瞭望塔的高大兵车。

⑦萃：聚集。

⑧蹙：窘迫。

⑨淖（nào）：泥沼。

⑩奸：触犯，这里指触犯军令。

⑪潘尪（wāng）：楚国大夫。

⑫伏弢（tāo）：趴在弓套上死了。弢，弓箭套。

【译文】

　　六月，晋、楚两军在鄢陵相遇。范文子不想开战。郤至说："韩之战，惠公不能凯旋。箕之战，先轸不能回来复命；邲之战，荀伯不能同楚军纠缠，这都是晋国的耻辱。你也看到过这些事情，今天我们如果再躲避楚军，更增添了耻辱。"范文子说："我们的先君之所以屡次征战，是有原因的。秦、狄、齐、楚都是强国，如果我们不尽力征战，子孙就将被削弱。如今三强都心服了，敌人只有楚国。只有圣人才能做到内外无忧。我们不是圣人，国外安宁，国内就会生出隐患。何不放楚国一马，将他们当作是引起戒惧之心的外国呢？"

六月二十九，是六月的最后一天，楚军在清晨逼近晋军，陈列军势。晋军的军士都很担心，范宣子跑进营帐，说："把灶都填平了，在军中摆开阵势，使队伍间的道路宽阔一些。晋楚都是上天眷顾的国家，担心什么呢？"范文子拿着戈矛赶走他，说："国家的存亡是上天决定的，你一个小子知道什么？"栾书说："楚军轻率无备，我们应该固守营垒来等待时机，楚军三日之内必然退却。退却时追赶他，一定获胜。"郤至说："楚国有六处弱点，我们不能错失良机：他们两位统帅相互仇视；楚王的亲兵都是旧家子弟；郑军摆开阵势却不严整；楚王带来的南方蛮军没有列阵；楚军布阵又不避忌讳；他们军中的士兵互相喧哗，两军相遇后更加喧哗，各自想着后路，没有人有斗志。旧家子弟不是精兵良将，晦日布阵犯了大忌，我们必然战胜他们。"

楚共王登上兵车，瞭望晋军。子重让太宰伯州犁侍立在楚王身后。楚王说："战车左右驰骋，是怎么回事？"回答说："召唤军吏。"楚王说："都聚集在中军了。"伯州犁说："正在一起商议计策。"楚王说："帐幕拉开了。"伯州犁说："在向先王占卜。"楚王说："帐幕撤下了。"伯州犁说："将要发布命令了。"楚王说："非常喧嚣，尘土飞扬起来。"伯州犁说："将要填平饭灶出发了。"楚王说："都乘上了兵车，但将领的左右又拿着兵器下来了。"伯州犁说："是在誓师。"楚王说："要打仗了吗？"伯州犁说："还不能知道。"楚王说："将领的左右又拿着兵器下来了。"伯州犁说："是在祷告。"伯州犁将晋厉公亲兵的情况告诉楚王。苗贲皇在晋厉公身边，也将楚王亲兵的情况告知他。晋侯左右之人都说："楚军有国士在，而且人数很多，不能阻挡。"苗贲皇对晋侯说："楚国的精锐，全是他们中军里楚王的亲兵。请您分精锐进攻他们的左右翼，再集中三军进攻楚王的亲兵，一定打败他们。"晋厉公进行占卜，卜官说："吉利。是《复》卦，说：'南方的国家窘迫艰难，射他们的王，射中他的眼睛。'楚国窘迫危急，楚王受伤，楚国此时不失败，还要等到什么时候？"晋厉公听从了。

有泥沼在前面，于是晋军兵分两路，避开泥沼。步毅为晋厉公驾车，栾鍼做车右。彭名为楚共王驾车，潘党做车右。石首为郑成公驾车，唐苟做车右。栾、范率领家族军队保护晋厉公前行，陷入泥沼之中。栾书想让晋厉公乘坐自己的战车，他儿子鍼说："栾书退下！国家有大的责任，你怎么能全部包揽？侵夺别人的职责，是冒犯；丢下自己的职责，是对主君轻慢；离开部下，是触犯军令。有这三个罪行，是不能触犯的。"于是把晋厉公的车驾推出泥沼。

五月二十九日，潘尪的儿子潘党同养由基将铠甲堆在一起射箭，穿透七层。有人拿这个给楚王看，说："国君的两个臣子这样厉害，对于打仗还有什么担心呢？"楚王怒道："真是耻辱。明天早晨交战，你们会死在这种技艺下。"吕锜梦到射月，射中了，自己后退陷入泥沼。他为这件事占卜，说："姬姓，是太阳；异姓，是月亮，必然是楚王。射箭命中他，自己后退陷入泥沼，也必死。"等到打仗的时候，吕锜朝楚共王射箭，射中他的眼睛。共王召唤养由基，给他两支箭，让他射吕锜，一箭正中脖颈，吕锜伏在弓套上死去。养由基拿着剩下的一支箭复命。

【原文】

郤至三遇楚子之卒，见楚子，必下，免胄①而趋风②。楚子使工尹襄问之以弓，曰："方事之殷也，有韎韦之跗注③，君子也。识见不穀而趋，无乃伤乎？"郤至见客，免胄承命，曰："君之外臣至，从寡君之戎事，以君之灵，间蒙甲胄，不敢拜命，敢告不宁君命之辱，为事之故，敢肃④使者。"三肃使者而退。

晋韩厥从郑伯，其御杜溷⑤罗曰："速从之！其御屡顾，不在马，可及也。"韩厥曰："不可以再辱国君。"乃止。郤至从郑伯，其右茀⑥翰胡曰："谍辂之⑦，余从之乘而俘以下。"郤至曰："伤国君有刑。"亦止。石首曰："卫懿公唯不去其旗，是以败于荧。"乃内旌于弢中。唐苟谓石首曰："子在君侧，败者壹大。我不如子，子以君免，我请止。"乃死。

楚师薄[8]于险，叔山冉谓养由基曰："虽君有命，为国故，子必射！"乃射。再发，尽殪[9]。叔山冉搏人以投，中车，折轼。晋师乃止。囚楚公子茷。

栾鍼见子重之旌，请曰："楚人谓夫旌，子重之麾也。彼其子重也。日臣之使于楚也，子重问晋国之勇。臣对曰：'好以众整。'曰：'又何如？'臣对曰：'好以暇。'今两国治戎，行人不使，不可谓整。临事而食言，不可谓暇。请摄饮焉。"公许之。使行人执榼[10]承饮，造于子重，曰："寡君乏使，使鍼御持矛，是以不得犒从者，使某摄饮。"子重曰："夫子尝与吾言于楚，必是故也，不亦识乎！"受而饮之。免使者而复鼓。

旦而战，见星未已。子反命军吏察夷伤，补卒乘，缮甲兵，展车马，鸡鸣而食，唯命是听。晋人患之。苗贲皇徇[11]曰："蒐[12]乘补卒，秣马利兵，修陈固列，蓐食[13]申祷，明日复战。"乃逸楚囚。王闻之，召子反谋。穀阳竖献饮于子反，子反醉而不能见。王曰："天败楚也夫！余不可以待。"乃宵遁。晋入楚军，三日谷。范文子立于戎马之前，曰："君幼，诸臣不佞，何以及此？君其戒之！《周书》曰'唯命不于常'，有德之谓。"

【注释】

①胄：头盔。

②趋风：像风一样快步走。趋，快步地走。

③靺（mèi）韦之跗（fū）注：穿着浅赤色军服的人。靺，浅赤色。韦，熟皮。跗注，一种军服。

④肃：行肃礼，一种礼节，类似后代的作揖。

⑤溷（hún）："混"的异体字。

⑥茀（fú）：一种姓氏。

⑦谍辂（yà）之：让轻装士兵到前面去拦截他。谍，本义为刺探军情的人，这里指混在敌军中的轻便战车。辂，通"迓"，迎上前去。

⑧薄：同"迫"，这里指被逼迫。

⑨殪（yì）：死，这里指晋军被射中而死。

⑩榼（kē）：盛酒的器皿。

⑪徇（xùn）：巡行命令。

⑫蒐（sōu）：检阅。

⑬蓐（rù）食：吃饱。蓐，厚。

【译文】

郤至三次遇到楚王的军士，见到楚王，必然下车，脱下头盔，飞快地前行。楚王让工尹襄用一张弓慰问他，说："现在战事激烈，有一个穿着浅红色军服的人，君子啊。见到我就快步走，是受伤了吗？"郤至与使者相见，脱去头盎接受了恩赐，说："贵国国君的外臣郤至，追随我们国君进行战事，托您的福，才得以披上甲胄，不敢下拜受命，冒昧地告诉您，对于您的恩赐我感到不安，因为您赠弓这件事，我就对使者行作揖之礼吧。"对使者作揖三次后退走了。

晋国的韩厥追击郑伯，他的驾车人杜溷罗说："赶紧追击他！他的驾车人总是回头看，注意力不在马上，可以追上了。"韩厥说："不能再侮辱国君。"于是停止追击。郤至追击郑伯，他的车右茀翰胡说："绕到前面去拦住他，我们赶上他，登车俘虏他再跳下来。"郤至说："伤害国君会遭到惩罚。"于是也停止了。石首说："卫懿公因为不肯降下大旗，因此在荧地失败。"于是就把郑伯的旗帜放在弓袋里。唐苟对石首说："你在国君身边，我们战败了，应该专一赶车。我不如你，你带着国君逃跑吧，我请求留下来掩护你们。"于是战死了。

楚军被逼迫到险要的地方，叔山冉对养由基说："虽然国君不让你射箭，但为了国家，你必须射！"于是养由基射箭。连发二箭，射中的人都死了。叔山冉抓住晋军，投掷出去，砸中车子，将车前作为扶手的横木都砸断了。晋军就停止了追击。捉住了楚国的公子茷。

栾鍼见到子重的旗帜，请求说："楚人说那个旗帜是子重的旗帜，车中人就是子重啊。从前我出使楚国，子重问起晋国为什么勇武。我回答说：'晋军喜好用严整的军容作战。'子重说：'还有什么？'我回答说：'晋军作战从容不迫。'如今两国交战，不派遣使者，不能说是严整。事到临头又自食其言，不能说是从容。请允许派人拿着酒去给子重喝。"晋厉公答应了他。派人拿着酒，到子重那里，说："我们国君缺乏人才，让栾鍼持矛驾车，因此没有可以派来犒赏您的随从，只好派我来请您饮酒。"子重说："栾鍼在楚国时曾同我说话，一定是出于这个原因，他还记得啊！"就接受了酒并喝掉。子重放回使者后再击鼓作战。

两军日出时作战，见到星星时还未停止。子反命令军中官吏，查看受伤情况，补充车马士卒，修缮盔甲兵器，调整战车战马，鸡叫的时候吃饭，听从主帅的命令。晋人为此担心。苗贲皇巡行军营，说："检阅车兵，补充士卒，厉兵秣马，修整阵地，饱餐一顿，虔诚祈祷，明天再战。"晋军故意松懈放掉了楚国的俘虏。楚王听说了，召见子反商议。穀阳竖献给子反美酒，子反喝醉了不能见楚王。楚王说："上天要让楚国失败啊！我不能再等待了。"于是趁夜逃跑。晋军进入楚军营地，吃了三天楚国留下的粮食。范文子立在晋厉公的车驾前，说："这次胜利是因为楚王年幼，诸位大臣没有才能，要不我们怎么能到这里？君王您要引以为戒啊！《周书》说'命运并不是固定不变的'，有德的人才能承受天命。"

齐国佐不辱命

【题解】

　　齐晋鞌之战，齐国大败，晋军一路追击，攻打到齐国境内。齐国派宾媚人（国佐）求和，晋国趁机提出荒谬的条件。宾媚人不辱使命，进行了犀利的驳斥，同时又说出齐国"收拾余烬，背城借一"的决心，据理力争，毫不妥协。

【原文】

　　晋师从①齐师，入自丘舆，击马陉。齐侯使宾媚人②赂以纪甗、玉磬与地。"不可，则听客之所为。"

　　宾媚人致赂，晋人不可，曰："必以萧同叔子为质，而使齐之封内尽东其亩。"

　　对曰："萧同叔子非他，寡君之母也；若以匹敌，则亦晋君之母也。吾子布大命于诸侯，而曰：'必质其母以为信。'其若王命何？且是以不孝令也。《诗》曰：'孝子不匮，永锡尔类。'若以不孝令于诸侯，其无乃非德类也乎？先王疆理天下，物土之宜，而布其利。故《诗》曰：'我疆我理，南东其亩。'今吾子疆理诸侯，而曰'尽东其庙'而已；唯吾子戎车是利，无顾土宜，其无乃非先王之命也乎？反先王则不义，何以为盟主？其晋实有阙。四王③之王也，树德而济同欲焉。五伯④之霸也，勤而抚之，以役王命。今吾子求合诸侯，以逞无疆⑤之欲。《诗》曰：'布政优优，百禄是遒。'子实不优，而弃百禄，诸侯何害焉？不然，寡君之命使臣，则有辞矣，曰：'子以君师辱于敝邑，不腆敝赋，以犒从者。畏君之震，师徒桡败⑥。吾子惠徼齐国之福，不泯其社稷，使继旧好，唯是先君之敝器、土地不敢爱。子又不许，请收合余烬，背城借一⑦。敝邑之幸，亦云从也；况其不幸，敢不唯命是听？'"

【注释】

①从：追击、追赶。

②宾媚人：即国佐，晋国大夫。

③四王：指舜、禹、汤、武。

④五伯：指夏之昆吾，商之大彭、豕韦，周之齐桓、晋文。

⑤无疆：没有穷尽，没有止境。

⑥桡败：失败，挫败。

⑦背城借一：背靠自己的城墙决一死战。

【译文】

晋军追击齐军，从丘舆攻入齐国境内，攻打马陉。齐顷公立刻派宾媚人将纪国的纪甗、玉磬贿赂给晋国，并割让土地以求和。（齐顷公对宾媚人）跟他说："如果对方不同意，就任凭他们所为。"

宾媚人来到晋国送上礼物，晋国人不同意讲和，说："必须让萧同叔子做人质，而且还要使齐国境内的田地全部改为东西向。"

宾媚人说："萧同叔子不是别人，是我们国君的母亲。如果以相互对等的关系来看，也是你们晋国国君的母亲。您向诸侯颁布重大命令，却说一定要人家的母亲做人质才能获得信任，这样又将如何对待周天子的命令？并且这样做，就是以不孝来命令诸侯。《诗》说：'孝子之心不会衰竭，他会永远将自己的孝心分给同类。'如果以不孝的行为来命令诸侯，这恐怕不符合道德吧？先王将天下的田地划定疆界，治理天下的道路、河流，考察土性而获取相应的利益。所以《诗》说：'我划定疆界，治理沟垄，朝南朝东开辟田亩。'如今您让诸侯划分和治理田地，却说'将田垄全部改为东西向'，只考虑有利于您自己的战车通行，不管田地是不是合适，这恐怕不符合先王的遗命吧？违背先王就是不义，怎么可以做诸侯的领袖呢？恐怕晋国在这件事上确实有过错。四王能够统一天下，是他们能树立德行，帮助实现诸侯的愿望。五伯能够称霸诸侯，是他们能勤劳王事，安抚诸侯，共同奉行天子的命令。如今您却要求会合诸侯，以满足自身无尽的贪欲。《诗》说：'施政宽和，百福聚集。'您如果不愿意施政宽和，从而丢弃所有的福禄，这对诸侯有什么害处呢？如果您不同意讲和，我国的国君命令使臣，还有话要说：'您率领贵国国君的军队来到我国，我国只能以微薄的力量来犒劳您的随从。因为畏惧贵国国君的威严，我们国家的军队遭到了挫败。承蒙您来到齐国为我们求福，倘若不灭绝我们，让我们继续同你们保持过去的友好关系，那么我们决不吝惜先君留下来的这些破旧的器物和土地。您如果不答应，那么就只能允许我们收集残余军队，背靠自己的城墙决一死战。假如我们侥幸获胜，也还是会服从贵国的；假如不幸失败，怎么敢不听从贵国的命令？'"

卷九　襄公
（元年—三十一年）

祁奚举贤

【解题】

在古代官场，推举人才时往往讲究避讳，为官者往往回避推举自己的学生、友人、亲人等，以免引起旁人指摘。但祁奚偏偏反其道而行之，只要所荐之人确实品德高尚，才识不凡，不光是亲人朋友，就算是仇人，祁奚也毫不回避地举荐。这种大公无私的精神多么难得！

【原文】

祁奚请老，晋侯问嗣焉。称解狐①，其仇也，将立之而卒。又问焉，对曰："午也可。"于是羊舌职死矣，晋侯曰："孰可以代之？"对曰："赤也可。"于是使祁午为中军尉，羊舌赤佐之。

君子谓："祁奚于是能举善矣。称其仇，不为谄。立其子，不为比。举其偏，不为党。《商书》曰：'无偏无党，王道荡荡。'其祁奚之谓矣。解狐得举，祁午得位，伯华得官，建一官而三物成，能举善也夫。夫唯善，故能举其类。《诗》云：'惟其有之，是以似之。'祁奚有焉。"

①称解（xiè）狐：称，举荐。解狐，晋国大臣，为人正直廉洁，曾与祁奚结仇。

【译文】

祁奚请求告老退休，晋侯问谁能接替他。祁奚举荐了解狐，解狐是他的仇人，将要任命时解狐死了。晋侯又问，祁奚回答说："祁午可以。"正在这时候，羊舌职死了，晋侯问祁奚："谁可以接替羊舌职的职位？"祁奚回答说："羊舌赤可以。"于是让祁午做了中军尉，羊舌赤做副官。

君子说："在这件事上，祁奚可以说是能举荐贤才了。举荐仇敌，是不谄媚。举荐儿子，是不偏私。举荐他的副将，是不结党。《商书》中说：'不偏私不结党，王道就会坦荡荡。'这大概说的就是祁奚啊。解狐得到举荐，祁午得到位置，伯华得到官职。设立一个官位而完成三件美事，是能举荐贤才的结果啊。自己是贤才，因此能举荐同类。《诗经》中说：'只有他自己有仁德，才会举荐相似的人。'说的就是祁奚这样的人吧。"

子罕辞玉

【解题】

玉石是财富的象征，但在子罕看来，得到玉石反倒是丢失了宝贝。这篇短文耐人寻味，将宋人献玉、子罕辞玉、子罕安置宋人的故事寓于百字之中，揭示了得宝即丧宝的至理，何其妙哉！

【原文】

宋人或得玉，献诸子罕，子罕弗受。献玉者曰："以示玉人^①，玉人以为宝也，故敢献之。"子罕曰："我以不贪为宝，尔以玉为宝，若以与我，皆丧宝也，不若人有其宝。"稽首而告曰："小人怀璧，不可以越乡。纳此以请死^②也。"子罕置诸其里，使玉人为之攻^③之，富而后使复其所。

【注释】

①玉人：雕琢玉的工匠。

②请死：请求免于一死。

③攻：雕琢，治理。

【译文】

宋国有个人得到一块玉，献给子罕，子罕不接受。献玉的人说："我给玉匠看过，玉匠认为是珍宝，所以我才敢献给您。"子罕说："我将不贪心当作宝贝，你将玉当作宝贝，如果你把玉给我，我们都丧失了宝贝，不如我们都有宝贝。"献玉人叩拜说："我怀有玉璧，不能在乡间行走，请允许我献给您来免死。"子罕请他住在自己家，让玉匠为他雕琢玉，变卖后使他富有，然后让他回家去了。

崔杼弑齐庄公

【解题】

春秋末期，随着礼制逐渐崩坏，权臣成为国家的主角，依靠世代积累的政治资本，他们的实力渐渐超越了国君，两者的斗争已经发展到了十分激烈的地步，本文则是国君与权臣斗争中一个非典型的案例。

所谓"非典型"，是因为这对君臣的矛盾竟然是由齐庄公私通崔杼之妻引起的。崔杼弑君纵然大逆不道，但庄公不行君道，昏聩无耻，同样遭到世人的唾弃。

在这场让人啼笑皆非的闹剧中，最出彩的不是君臣二人，而是机智贤明的晏子和秉笔直书的史官。晏子秉持正义，刚正不阿，为国家大局亲临险地，可谓有勇有谋。而史官不畏强暴，用生命书写历史，这种精神更是可歌可泣，让人铭记于心。

【原文】

齐棠公之妻，东郭偃之姊也，东郭偃臣崔武子，棠公死，偃御武子以吊焉，见棠姜而美之，使偃取之，偃曰："男女辨姓①，今君出自丁，臣出自桓，不可。"武子筮之，遇《困》☲☵之《大过》☱☴。史皆曰："吉。"示陈文子，文子曰："夫从风，风陨妻，不可娶也。且其《繇》曰：'困于石，据于蒺藜，入于其宫，不见其妻，凶。'困于石，往不济也。据于蒺藜，所恃伤也。入于其宫，不见其妻，凶，无所归也。"崔子曰："嫠②也，何害，先夫当之矣。"遂取之。

庄公通焉，骤如崔氏。以崔子之冠赐人，侍者曰："不可。"公曰："不为崔子，其无冠乎？"崔子因是，又以其间伐晋也，曰："晋必将报。"欲弑公以说于晋，而不获间③。公鞭侍人贾举，而又近之，乃为崔子间公。

夏五月，莒为且于之役故，莒子朝于齐。甲戌，飨诸北郭，崔子称疾，不视事。乙亥，公问崔子，遂从姜氏。姜入于室，与崔子自侧户出。公拊楹而歌，侍人贾举止众从者而入，闭门。甲兴，公登台而请，弗许；请盟，弗许；请自刃于庙，弗许。皆曰："君之臣杼疾病，不能听命。近于公宫，陪臣干掫④有淫者，不知二命。"公逾墙，又射之，中股，反队⑤，遂弑之。贾举、州绰、邴师、公孙敖、封具、铎父、襄伊、偻堙皆死。祝佗父祭于高唐，至，复命，不说弁而死于崔氏。申蒯，侍渔者，退，谓其宰曰："尔以帑⑥免，我将死。"其宰曰："免，是反子之义也。"与之皆死，崔氏杀鬷蔑⑦于平阴。

晏子立于崔氏之门外，其人曰："死乎⑧？"曰："独吾君也乎哉，吾死也？"曰："行乎？"曰："吾罪也乎哉，吾亡也？"曰："归乎？"曰："君死，安归？君民者，岂以陵民？社稷是主。臣君者，岂为其口实，社稷是养。故君为社稷死，则死之；为社稷亡，则亡之。若为己死，而为己亡，非其私昵⑨，谁敢任之？且人有君而弑之，吾焉得死之？而焉得亡之？将庸何归？"门启而入，枕尸股而哭。兴，三踊而出。人谓崔子："必杀之！"崔子曰："民之望也，舍之，得民。"卢蒲癸奔晋，王何奔莒。

叔孙宣伯之在齐也，叔孙还纳其女于灵公，嬖，生景公。丁丑，崔杼立而相之，庆封为左相，盟国人于大宫，曰："所不与崔、庆者……"晏子仰天叹曰："婴所不唯忠于君、利社稷者是与，有如上帝。"乃歃⑩。辛巳，公与大夫及莒子盟。

大史书曰："崔杼弑其君。"崔子杀之，其弟嗣书，而死者二人。其弟又书，乃舍之。南史氏闻大史尽死，执简以往。闻既书矣，乃还。

【注释】

①男女辨姓：指的是同姓不通婚。

②嫠（lí）：寡妇。

③间：机会。

④干掫（zōu）：巡夜捕杀不法之徒。

⑤反队：跌落在墙内侧。队，同"坠"。

⑥帑（nú）：妻子和儿女。

⑦嬰（zōng）蔑：郑国大夫。

⑧死乎：是否为国君而死。

⑨昵：亲昵。

⑩歃（shà）：古人盟会时，嘴唇涂上牲畜的血，表示诚意。

【译文】

齐国棠公的妻子，是东郭偃的姐姐，东郭偃在崔杼那里做家臣，棠公死后，东郭偃为崔杼驾车前去吊唁，崔杼看见棠姜觉得她很美，命东郭偃把她嫁给自己。东郭偃说："男女之间要先辨明姓氏，您出自丁公，我出自桓公，不能通婚。"崔杼去占卜，得到《困》卦变成《大过》。史官都说："吉利。"把占卜结果给陈文子看，陈文子说："夫君是风，风将妻子吹落，不能娶她。而且卦象中的爻辞说：'被石头困住，被蒺藜绊住，回到家中不见妻子，是凶兆。'被石头困住，是做事情不会成功；被蒺藜羁绊，就会受到伤害。回家不见妻子是凶兆，是无家可归。"崔杼说："一个寡妇有什么坏处，她的前夫已经承受过了。"于是娶了棠姜。

齐庄公同棠姜通奸，多次进入崔杼的家。用崔杼的头冠送人，侍从说："不可以这样。"庄公说："不用崔杼的帽子，就没有帽子可用了吗？"崔杼因此痛恨庄公，又由于庄公趁着晋国内乱攻打晋国，崔杼说："晋国必将报复。"他打算杀了庄公来取悦晋国，却没找到机会。庄公鞭打侍从贾举，过后又亲近他，贾举就为崔杼查看刺杀庄公的机会。

夏天五月，莒国国君由于曾进攻且于，去朝见齐庄公。十六日，庄公在城北郊外设宴，崔杼称病，不理政事。十七日，庄公探问崔杼，乘机同棠姜见面。棠姜进入内室，同崔杼从侧门出去了。庄公拍着柱子唱歌，侍从贾举屏退其他侍卫，走进屋子关上门。唤出埋伏的甲士，庄公登上高台请求免死，不被允许；请求结盟，不被允许；请求在太庙自尽，不被允许。都说："您的臣子崔杼病了，不能听从您的命令。这里靠近王宫，我们只知道巡捕荒淫的人，不知道其他命令。"庄公跳墙逃跑，被射中大腿，落在墙内，就被杀掉了。贾举、州绰、邴师、公孙敖、封具、铎父、襄伊、偻堙都在混乱中被杀。祝佗父在高唐祭祀庄公，回来复命，还没脱掉祭服，就被崔杼杀了。渔业官员申蒯退出来对家臣说："你带着我的妻儿逃命去吧，我将要死了。"家臣说："逃命，是违背了对您的义气。"就同他一道赴死。崔杼又在平阴杀了鬷蔑。

晏子立在崔杼门外，随从说："您要死吗？"晏子说：

"难道庄公只是我一人的国君，为什么要死？"随从说："您要跑吗？"晏子说："他的死是我的罪过吗，为什么要逃跑？"随从说："您要回家吗？"晏子说："国君死了，我回哪里去？国君是百姓的国君，怎能凌驾于百姓之上？国君应该是社稷的主人。做臣子的怎能贪图俸禄，应该以保存社稷为目的。因此国君为了社稷而死，臣子应当追随他死；国君因为社稷逃亡，臣子应当追随他逃亡。如果是为了自己死，为了自己逃亡，不是他亲近的人，谁敢承担这个责任？而且有人得到了国君的信任，反而杀了国君，我又怎能为他死，为他逃亡？但我又能回到哪里去？"门开了，晏子进入，枕着庄公遗体痛哭。然后站了起来，三次顿足才离去。有人对崔杼说："一定要杀了他！"崔杼说："晏子是人民的希望，不如放了他，以得民心。"卢蒲癸逃到晋国，王何逃到莒国。

叔孙宣伯在齐国的时候，将女儿嫁给齐灵公，她被宠幸生了景公。十九日，崔杼立景公为君，自己做了宰相，庆封做了左相，他们在太公庙中与国人结盟，说："有不听从崔、庆二人的……"晏子仰天叹息说："我如果不亲近忠于国君、有利于社稷的人，有苍天做证。"于是率先歃血为盟。二十三日，景公同大夫以及莒国国君定盟。

史官写道："崔杼杀了他的国君。"崔杼杀了这个史官。史官的弟弟又写，也被杀了。他的弟弟还写，崔杼终于放了他。南史氏听说太史全都被杀死了，就拿着书简前去，听说已经记载了，这才回去。

蔡声子论晋用楚材

【解题】

早在先秦时期，统治者们就开始意识到人才的重要性。正所谓"得人如得国，失人如失国"，齐桓公任用管仲，秦穆公任用孟明视，都是不计前嫌，终成霸业。

春秋末年，楚国人才流失严重，反为仇敌晋国所用。本文描写了蔡声子如何利用自己丰富的见闻和学识，劝服楚国令尹子木赦免伍举的故事。蔡声子言辞恳切，举证真实，处处为楚国利益考虑，这段论说可谓切中要害，饱含着辩论的智慧。

【原文】

初，楚伍参与蔡大师子朝友，其子伍举与声子相善也。伍举娶于王子牟，王子牟为申公而亡，楚人曰："伍举实送之。"伍举奔郑，将遂奔晋。声子将如晋，遇之于郑郊，班荆相与食，而言复故，声子曰："子行也！吾必复子①。"

及宋向戌将平晋、楚，声子通使于晋。还，如楚，令尹子木与之语，问晋故焉，且曰："晋大夫与楚孰贤？"对曰："晋卿不如楚，其大夫则贤，皆卿材也。如杞、梓、皮革，自楚往也。虽楚有材，晋实用之。"子木曰："夫独无族姻乎？"对曰："虽有，而用楚材实多。归生闻之：'善为国者，赏不僭而刑不滥。'赏僭，则惧及淫人；刑滥，则惧及善人。若不幸而过，宁僭无滥。与其失善，宁其利淫。无善人，则国从之。《诗》曰：'人之云亡，邦国殄瘁。'无善人之谓也。故《夏书》曰：'与其杀不辜，宁失不经。'惧失善也。《商颂》有之曰：'不僭不滥，不敢怠皇，命于下国，封建厥福。'此汤所以获天福也。古之治民者，劝赏而畏刑，恤民不倦。赏以春夏，刑以秋冬。是以将赏，为之加膳，加膳则饫赐②，此以知其劝赏也。将刑，为之不举，不举则彻乐，此以知其畏刑也。夙兴夜寐，朝夕临政，此以知其恤民也。三者，礼之大节也。有礼无败。今楚多淫刑，其大夫逃死于四方，而为之谋主，以害楚国，不可救疗，所谓不能也。子仪之乱，析公奔晋。晋人置诸戎车之殿，以为谋主③。绕角之役，晋将遁矣，析公曰：'楚师轻窕，易震荡也。若多鼓钧声，以夜军之，楚师必遁。'晋人从之，楚师宵溃。晋遂侵蔡，袭沈，获其君；败申、息之师于桑隧，获申丽而还。郑于是不敢南面。楚失华夏，则析公之为也。雍子之父兄谮④雍子，君与大夫不善是也。雍子奔晋。晋人与之鄐，以为谋主。彭城之役，晋、楚遇于靡角之谷。晋将遁矣，雍子发命于军曰：'归老幼，反孤疾，二人役，归一人，简兵蒐乘，秣马蓐食⑤，师陈焚次，明日将战。'

行归者而逸楚囚，楚师宵溃。晋降彭城而归诸宋，以鱼石归。楚失东夷，子辛死之，则雍子之为也。子反与子灵争夏姬，而雍害其事，子灵奔晋。晋人与之邢，以为谋主。扞御北狄，通吴于晋，教吴叛楚，教之乘车、射御、驱侵，使其子狐庸为吴行人焉。吴于是伐巢，取驾，克棘，入州来，楚罢⑥于奔命，至今为患，则子灵之为也。若敖之乱，伯贲之子贲皇奔晋。晋人与之苗，以为谋主。鄢陵之役，楚晨压晋军而陈，晋将遁矣，苗贲皇曰：'楚师之良，在其中军王族而已。若塞井夷灶，成陈以当之，栾、范易行以诱之，中行、二郤必克二穆⑦，吾乃四萃⑧于其王族，必大败之。'晋人从之，楚师大败，王夷⑨师熸⑩，子反死之。郑叛、吴兴，楚失诸侯，则苗贲皇之为也。"子木曰："是皆然矣。"声子曰："今又有甚于此者。椒举娶于申公子牟，子牟得戾⑪而亡，君大夫谓椒举：'女实遣之。'惧而奔郑，引领南望曰：'庶几赦余！'亦弗图也。今在晋矣，晋人将与之县，以比叔向。彼若谋害楚国，岂不为患？"子木惧，言诸王，益其禄爵而复之。声子使椒鸣逆之。

【注释】

①吾必复子：我一定使你回到楚国。

②加膳则饫（yù）赐：古时治国者行赏前就会加膳，然后把剩下的饭菜赏给下臣。饫，饱足。

③谋主：主要谋划者。

④谮（zèn）：诬陷。

⑤秣马蓐（rù）食：喂饱马，让军士也吃饱。

⑥罢：疲惫。

⑦中行、二郤必克二穆：中行，指荀偃。二郤，指郤锜、郤至。二穆，指子重、子辛，楚穆王的后代。

⑧四萃：从四面集中进攻。

⑨夷：受伤。

⑩熸（jiān）：火熄灭，此处比喻士气低落。

⑪得戾：得罪。

【译文】

　　起初，楚国的伍参同蔡国太师子朝是好友，他的儿子伍举同蔡声子关系很好。伍举娶了王子牟的女儿，王子牟担任申邑长官时逃亡，楚人说："伍举确实护送他逃亡了。"伍举逃到郑国，将要逃向晋国。声子将到晋国时，在郑国郊外遇到了伍举，坐在草地上共同吃饭，说到返回故土的事，声子说："你走吧，我一定让你回来。"

　　当宋国的向戌想要调解晋、楚的关系时，声子出使晋国，回到楚国。令尹子木和他谈话，问起晋国的事情，说："晋国大夫同楚国大夫相比，谁更贤明？"声子回答说："晋国的卿士不如楚国，但他们的大夫很贤良，都有卿士之才。比如杞木、梓木、皮革，都是楚国运到晋国的。楚国虽然有材料，晋国却实际上用了这些材料。"子木说："晋国难道就没有国君的亲戚担任要职吗？"声子说："虽然有，但是任用楚国人才的情况还是多。我听说：'善于治国的人，封赏不过分，刑罚不滥用。'过分封赏，就怕涉及坏人；过分刑罚，就怕波及好人。如果不幸过分了，宁可过分封赏也不滥用刑罚。与其失掉好人，不如有利于坏人。没有好人，国家将失去方向。《诗经》说：'人没了，国家就会受到损害。'说的就是失去好人啊。因此《夏书》说：'与其杀了无罪的人，不如放过有罪的人。'是怕失掉好人啊。《商颂》说：'不过分滥用，不懈怠偷懒，向属国发布命令，封赏建立他们的幸福。'这就是商汤之所以得到上天赐福的原因。古来治理百姓的人，喜爱赏赐畏惧刑罚，能不倦怠地体恤民情。在春夏行赏，在秋冬处刑。因此将要行赏时就加餐，加餐后把剩余的食品赏给下臣，这是为了让人知道他是乐于行赏的。将要处刑的时候，为此而减餐，减餐又撤掉音乐，这是让人民知道他是慎用刑罚的。他早起晚睡，朝夕处理朝政，这是让百姓知道他是体恤人民的。这三点，是礼的重要所在。有了礼就会不衰败。如今楚国滥用刑罚，国内的大夫都向四方逃命，成为那些国家的谋主，来妨害楚国，到了无可救药的地步，这就是所说的楚国不能用其人才的情况。子仪叛乱，析公逃往晋国。晋国人将他安置在兵车后面，用为谋主。绕角之战，晋军快要逃跑了，析公说：'楚军轻佻，容易被震慑住，如果大敲锣鼓，趁夜进军，楚军必然逃跑。'晋国人听从了他的话，楚军当夜就溃散了。晋国于是侵入蔡国，袭击沈国，俘虏其国君；在桑隧打败了申、息两地的楚军，俘虏申丽回去了。

郑国从此不敢向南朝拜楚国。楚国失掉中原，就是析公造成的。雍子的父兄诬陷他，国君和大夫不能辨明是非，雍子逃往晋国。晋人把鄐地送给他，让他当谋主。彭城之战，晋、楚在靡角的山谷相遇。晋军快要逃跑了，雍子对全军下令说：'年老年幼的都回家，独生子和生病的也回去，一家有两人服役，回去一个，精简步兵，搜集车兵，喂饱马，军士也饱餐一顿，排好队伍，烧掉营帐，明天决一死战。'让该回去的人回去，又放了楚国的俘虏，楚军当夜就溃散了。晋国将彭城归还宋国，俘虏鱼石回去了。楚国失掉了东方诸国的亲附，子辛战死，都是雍子造成的。子反同子灵争夏姬，坏了子灵的婚事，子灵逃到晋国。晋人送给他邢地，让他当谋主。子灵帮助晋国抵御北狄，同吴国通好，又挑唆吴国背叛楚国，教他们乘车、射箭、骑马、攻防的方法，让他的儿子狐庸到吴国担任使臣。吴国于是攻打巢地，取得驾地，攻克棘地，进入州来，楚国疲于奔命，至今仍是大患，这都是子灵造成的。若敖叛乱，伯贲的儿子贲皇逃到晋国。晋国人送给他苗地，让他当谋主。鄢陵之战，楚军在清晨逼近晋军，摆开阵势，晋军将要逃走，贲皇说：'楚国的精锐，全是他们中军的王族亲兵。如果塞住井，填平灶，摆开阵势阻挡他们，让栾、范两人诱敌，荀偃、郤锜和郤至必能打败子重、子辛，我们将军队集中起来攻打他们的亲兵，必然打败他们。'晋人听从了，楚军大败，楚王受伤，士兵萎靡，子反战死。郑国背叛楚国，吴国兴起，楚国失掉各诸侯国，是苗贲皇造成的啊。"子木说："这些都是如此。"声子说："如今又有比这些更严重的。椒举娶了申公子牟的女儿，子牟获罪逃亡，楚王和大夫对椒举说：'是你放他跑的。'椒举害怕而逃到郑国，向南望去说：'希望能赦免我。'楚国却没有这打算。椒举现在在晋国，晋人将要送他封地，同叔向的待遇一样。他如果谋害楚国，岂不成了大患？"子木害怕，禀告了楚王，增加了椒举的爵位俸禄请他回来。声子派椒鸣去晋国迎接他。

季札观乐

【解题】

先秦时期，音乐和舞蹈都是"礼"的一部分。美妙动听、宽广宏大的演奏，是有德的象征。反之，混乱放荡、烦琐奢靡的演奏，则是失德的象征。

本文描写了吴国公子季札到鲁国访问，观赏周乐的故事。季札听音辨乐，将风、雅、颂诸礼乐一一分析品评，虽只是三言两语，但其中妙处，可谓言有尽而意无穷，恰与"微言大义"的精神契合。

【原文】

吴公子札来聘①，见叔孙穆子，说之。谓穆子曰："子其不得死乎？好善而不能择人。吾闻君子务在择人。吾子为鲁宗卿，而任其大政，不慎举，何以堪之？祸必及子！”请观于周乐。使工为之歌《周南》《召南》，曰："美哉！始基之②矣，犹未也，然勤而不怨矣。"为之歌《邶》《鄘》《卫》，曰："美哉！渊乎！忧而不困者也。吾闻卫康叔、武公之德如是，是其《卫风》乎？"为之歌《王》，曰："美哉！思而不惧，其周之东乎？"为之歌《郑》，曰："美哉！其细已甚，民弗堪也，是其先亡乎？"为之歌《齐》，曰："美哉！泱泱乎，大风也哉！表东海者，其大公乎？国未可量也。"为之歌《豳③》，曰："美哉！荡④乎！乐而不淫，其周公之东乎？"为之歌《秦》，曰："此之谓夏声。夫能夏则大，大之至也！其周之旧乎？"为之歌《魏》，曰："美哉！沨沨⑤乎！大而婉，险而易行，以德辅此，则明主也！"为之歌《唐》，曰："思深哉！其有陶唐氏之遗民乎？不然，何其忧之远也？非令德之后，谁能若是？"为之歌《陈》，曰："国无主，其能久乎？"自《郐⑥》以下，无讥焉。

为之歌《小雅》，曰："美哉！思而不贰，怨而不言，其周德之衰乎？犹有先王之遗民焉！"为之歌《大雅》，曰："广哉！熙熙⑦乎！曲而有直体，其文王之德乎？"为之歌《颂》，曰："至矣哉！直而不倨，曲而不屈；迩而不偪⑧，远而不携；迁而不淫，复而不厌；哀而不愁，乐而不荒；用而不匮，广而不宣；施而不费，取而不贪；处⑨而不底，行而不流。五声和，八风平；节有度，守有序。

盛德之所同也！"

见舞《象箾》《南籥》者，曰："美哉！犹有憾。"见舞《大武》者，曰："美哉！周之盛也，其若此乎？"见舞《韶濩》者，曰："圣人之弘也，而犹有惭德！圣人之难也。"见舞《大夏》者，曰："美哉！勤而不德⑩，非禹，其谁能修之！"见舞《韶箾》者，曰："德至矣哉！大矣，如天之无不帱也，如地之无不载也！虽甚盛德，其蔑以加于此矣，观止矣。若有他乐，吾不敢请已！"

【注释】

①聘：访问。

②始基之：开始奠定基础。

③豳（bīn）：西周旧国公刘的都城。

④荡：宏大的样子。

⑤沨沨（féng）：轻飘浮动的样子。

⑥郐（kuài）：在今河南郑州西南。

⑦熙熙：美好融洽的样子。

⑧偪：同"逼"。

⑨处：安守，安处。

⑩不德：不自夸有德。

【译文】

吴国公子季札到鲁国访问，见到叔孙穆子，很喜欢他。季札对穆子说："您恐怕要不得善终啊！一心向善却不能选用贤人。我听说君子应尽力去选用贤人。您做鲁国的宗卿，主持国政，却不能慎重举荐人才，这怎么能行呢？祸患必然会殃及您。"季札请求观赏周乐。鲁国人让乐工为他演奏《周南》《召南》，季札说："多美啊！教化已经奠定了基础，虽然还没有完成，但百姓已经辛劳却没有怨恨了。"为他演奏《邶风》《鄘风》《卫风》，季札说："多美啊！多深厚！担忧却不困窘。我听说卫康叔、武公的德行就是这样，这大概就是《卫风》吧？"为他演奏《王风》，季札说："多美啊，忧思却不畏惧，这大概就是周王室东迁后的写照吧？"为他演奏《郑风》，季札说："多美啊！但太过琐碎了，人民不能忍受，因此郑国会先灭亡吧？"为他演奏《齐风》，季札说："多美啊！如此宏大，是大国的风范！可以为东海诸国做表率，是姜太公的国家吧？前途不可限量啊。"为他演奏《豳风》，季札说："多美啊！宏大啊！欢乐却不过度，是周公东征时的乐曲吧？"为他演奏《秦风》，季札说："这是夏声，夏就是大，大得极致啊！是西周故地的乐曲吧？"为他演奏《魏风》，季札说："多美啊！轻飘爽朗，宏大而婉转，变化多端又易于流转，用德行来辅助，就是英明的君主啊！"为他演奏《唐风》，季札说："多美啊！思虑多么深远，是陶唐氏的遗民吗？不是这样，为什么忧思如此深远呢？如果不是有美德的人的后代，谁能像这样？"为他演奏《陈风》，季札说："国家没有主人，能长久吗？"演奏《郐风》以下的乐曲，季札就没有评论了。

为他演奏《小雅》，季札说："多美啊！有忧思却没有二心，怨恨却不表达，大概是周朝德行衰败时的歌吧？但还有先王的遗民啊！"为他演奏《大雅》，季札说："多浩荡啊！融洽啊！外表曲折而内涵刚直，大概是文王的德行吧？"为他演奏《颂》，季札说："到极致了！刚直却不傲慢，曲折却不卑下；亲近却不紧逼，疏远却不游离；流放却不淫邪，反复却不厌倦；哀伤却不忧愁，快乐却不荒废；使用却不匮乏，宽广却不张扬；施舍却不浪费，索取却不贪心；安定却不停滞，行动却不蔓延。五声和谐，八音协调；节奏有度，先后有序。这都是有大好德行的人的共同品质！"

看到有跳《象箾》《南籥》两种舞蹈的，季札说："多美啊！但还有遗憾。"看到有跳《大武》的，季札说："多美啊！周朝的兴盛，就像这样吧？"看到有跳《韶濩》的，季札说："圣人这样宏大，却仍然有不足。做圣人很难啊！"看到有跳《大夏》的，季札说："多美啊！勤勉却不自夸有德，不是禹还有谁能创作这样的舞蹈！"看到有跳《韶箾》的，季札说："美德到了极致，宏大啊，如同上天没有什么不覆盖一样，如同大地没有什么不承载一样！即使有宏大的美德，也超不过这个了，观赏到了止境，如果还有其他乐曲，我也不敢再请求观赏了！"

子产不毁乡校

【解题】

《国语·周语上》有言："防民之口，甚于防川。"春秋时期，郑国著名的政治家子产将这个道理剖析得十分清楚明白。

子产没有滥用强权，来堵住百姓对执政者的批评，而是把乡校看成是反馈民意的场所。而且，他注意根据来自人民的意见，调整自己的施政方针，弃恶扬善，修明政治。

执政者最难能可贵之处便是能虚怀纳谏，博采众长。子产便是如此。这样看来，也难怪孔子全然不相信那些污蔑子产的话。

【原文】

郑人游于乡校①，以论执政。然明谓子产曰："毁乡校，何如？"子产曰："何为？夫人朝夕退而游焉，以议执政之善否。其所善者，吾则行之；其所恶者，吾则改之，是吾师也。若之何毁之？我闻忠善以损怨，不闻作威以防怨。岂不遽止②？然犹防川：大决所犯，伤人必多，吾不克救也。不如小决使道，不如吾闻而药之也。"然明曰：

"蔑也③今而后知吾子之信可事也。小人实不才。若果行此，其郑国实赖之，岂唯二三臣？"仲尼闻是语也，曰："以是观之，人谓子产不仁，吾不信也。"

【注释】

①乡校：乡间的公共场所，既是学校，也是乡人聚会议事的地方。

②岂不遽（jù）止：用威权来防止怨恨，怨恨就可以马上止住。

③蔑也：是然明的自称。

【译文】

郑国人在乡校闲游时，常常讨论执政得失。然明对子产说："毁了乡校，怎么样？"子产说："为什么这样？人们早晚休息时到那里闲游，来讨论执政的好坏。他们认为好的，我就去做；他们认为不好的，我就改正，他们是我的老师啊。为什么要毁掉呢？我听说忠善可以减少怨恨，没听说作威可以减少怨恨。用威权难道不能立即堵住别人的口？但是这就像防汛一样：河水大决口，伤人必然多，我不能立即救援。不如开个小口来分流，不如我听说批评后来补救改正。"然明说："我从现在起才知道您的确能成就大事。我不才，如果能按照您说的去做，郑国就有了依靠，岂止是我们两三个臣子得到好处呢？"孔子听说这些话后，说："由此看来，别人说子产不仁，我不信啊。"

卷十　昭公

（元年—三十二年）

伍员奔吴

【解题】

伍子胥本为楚国人，但他的父兄都被楚平王杀害，伍子胥逃往吴国，最终起兵复仇，差点灭亡了楚国。

本文讲述了伍子胥出逃的起因和经过，将奸邪小人费无极嫉贤妒能的丑陋嘴脸刻画得淋漓尽致。楚王以伍父为诱饵，引诱伍家兄弟回国受死。伍尚看破了敌人的阴谋，明知必死却慷慨赴死，让伍员出逃报仇。兄弟二人的浩气长存人间。

【原文】

楚子之在蔡也，郹阳①封人②之女奔之，生大子建。及即位，使伍奢为之师，费无极为少师③，无宠焉，欲谮诸王，曰："建可室矣。"王为之聘于秦，无极与逆，劝王取之。正月，楚夫人嬴氏至自秦。

楚子为舟师以伐濮。费无极言于楚子曰："晋之伯也，迩于诸夏，而楚辟陋，故弗能与争。若大城城父，而置大子焉，以通北方，王收南方，是得天下也。"王说，从之。故大子建居于城父。

费无极言于楚子曰："建与伍奢将以方城之外叛，自以为犹宋、郑也，齐、晋又交辅之，将以害楚，其事集④矣。"王信之，问伍奢。伍奢对曰："君一过多矣⑤，何信于谗？"王执伍奢，使城父司马奋扬杀大子。未至，而使遣之。三月，大子建奔宋。王召奋扬，奋扬使城父人执己以至。王曰："言出于余口，入于尔耳，谁告建也？"对曰："臣告之。君王命臣曰：'事建如事余。'臣不佞⑥，不能苟贰。奉初以还，不忍后命，故遣之。既而悔之，亦无及已。"王曰："而⑦敢来，何也？"对曰："使而失命⑧，召而不来，是再奸也，逃无所入。"王曰："归。从政如他日。"

无极曰："奢之子材，若在吴，必忧楚国，盍以免其父召之。彼仁，必来。不然，将为患。"王使召之，曰："来，吾免而父。"棠君尚谓其弟员曰："尔适吴，我将归死。吾知不逮⑨，我能死，尔能报。闻免父之命，不可以莫之奔也；亲戚为戮，不可以莫之报也。奔死免父，孝也；度功而行，仁也；择任而往，知也；知死不辟，勇也。父不可弃，名不可废，尔其勉之！相从为愈。"伍尚归。奢闻员不来，曰："楚君、大夫其旰食乎！"楚人皆杀之。

员如吴，言伐楚之利于州于⑩。公子光曰："是宗为戮，而欲反其仇，不可从也。"员曰："彼将有他志，余姑为之求士，而鄙以待之。"乃见鱄设诸⑪焉，而耕于鄙。

【注释】

①郹（jú）阳：蔡国县名，在今河南新蔡。

②封人：管理土地边界的官员。

③少师：太子的老师，地位仅次于太师。

④集：成功。

⑤君一过多矣：您犯了一次错误已经很严重了。一过，指的是楚平王夺太子建之妻的事情。

⑥不佞：不才。

⑦而：你。

⑧失命：没有完成使命。

⑨吾知不逮：我的才能不如你。

⑩州于：即吴王僚。

⑪鲼设诸：即刺客专诸。昭公二十七年（前515），公子光派专诸刺杀吴王僚。

【译文】

楚平王在蔡国时，郹阳一位管理土地边界官员的女儿私奔到他那里，生下太子建。等到平王即位，命伍奢做他的老师，费无极做副手，但得不到宠信，想在平王面前陷害伍奢，说："太子建可以成婚了。"平王为他去秦国求聘一个女子，费无极也去了，回来后劝平王自己娶她。正月，楚平王的夫人嬴氏从秦国到了楚国。

楚平王用水军进攻濮，费无极对平王说："晋国称霸诸侯，是由于近邻中原国家，而楚国地处偏远，因此不能与晋相争。如果大规模修建城父城，让太子驻扎在那里，来通好北方，大王您收拢南方，这样就得到了天下。"平王十分高兴地听从了。因此太子在城父驻扎。

费无极对楚平王说："太子建与伍奢将要率领方城以外的人叛乱，自以为如同宋国、郑国一样，齐国、晋国又帮助他，将要妨害楚国，这件事快要成功了。"平王相信了他，责问伍奢。伍奢回答说："君王有一次过错已经很严重了，为何要听信谗言？"平王抓住伍奢，派城父司马奋扬去杀太子。司马奋扬还没到，派人报信让太子逃跑。三月，太子建逃到宋国。平王召见奋扬，奋扬让城父大夫捆着自己回到国都。平王说："命令从我口中发出，进了你的耳朵，谁告诉太子建的？"司马奋扬说："臣告诉他的。您命令臣说：'侍奉太子建如同侍奉我。'臣不才，不能苟且违背。接受了起初的命令，就不忍接受后来的命令，因此放走了太子。这之后即使后悔，也没用了。"平王说："你敢回来，为什么？"回答说："接受使命却没完成，召见又不来，是再次违背命令，而且我也无处可逃。"平王说："你回去吧，如同平时一样处理政务。"

费无极说："伍奢的儿子有才干，如果在吴国，一定会成为楚国的忧患，何不用赦免他们父亲的名义来召回他们。他们仁爱，必然回来。如果不这样做，将成为祸患。"平王派人召回他们，说："回来，我就赦免你们的父亲。"棠地的大夫伍尚对弟弟伍员说："你去吴国，我将回去领死。我的才能不如你，我能赴死，你能报仇。听到赦免父亲的命令，不能不回去；亲戚被杀戮，不能不报仇。回去赴死来让父亲免死，是孝；估计效果之后行动，是仁；选择任务之后行动，是智；知道必死而不逃避，是勇。父亲不能抛弃，名誉不能废除，你好好努力，听我的话吧！"伍尚回去了。伍奢听说伍员没回来，说："楚王、大臣们要吃不好饭了！"楚人将父子俩都杀害了。

伍员到了吴国，对吴王说明攻楚的好处。公子光说："这个人的家族被杀戮，想要返回报仇，不能听他的。"伍员说："公子光有其他志向，我姑且帮他寻求猛士，来准备机会。"于是推荐了专诸，自己在吴国乡下耕作。

子产拒绝祭天

【解题】

古人对于鬼神的存在，总是宁信其有，不信其无。法师们往往利用人们畏惧灾害的心理，装神弄鬼以获取个人威望和钱财。

本文讲述了郑国相国子产面对火灾的危险，拒绝祭祀鬼神的故事。子产能透过裨灶预测灾害的表象，看穿他"不过是预测得多了，哪能没有几条说中"的本质，这一点十分难得。

【原文】

夏五月，火始昏见^①。丙子，风。梓慎曰：“是谓融风^②，火之始也^③。七日，其火作乎！”戊寅，风甚。壬午，大甚。宋、卫、陈、郑皆火。梓慎登大庭氏之库以望之，曰：“宋、卫、陈、郑也。”数日，皆来告火。

裨灶曰：“不用吾言^④，郑又将火。”郑人请用之，子产不可。子大叔曰：“宝^⑤以保民也，若有火，国几亡。可以救亡，子何爱焉？”子产曰：“天道远，人道迩，非所及也，何以知之？灶焉知天道？是亦多言矣，岂不或信^⑥？”遂不与，亦不复火。

【注释】

①火始昏见：火星开始在黄昏出现。

②融风：东北风。

③火之始也：火灾将要开始。

④不用吾言：去年裨灶请求祭神以避免火灾，子产不同意。

⑤宝：裨灶所请用的祭祀用的玉器。

⑥岂不或信：难道没有几句说中的。

【译文】

夏天五月，火星开始在黄昏出现。初七，刮风。梓慎说：“这就是所谓的东北风，火灾的开始。七天之内，火灾就会发作了！”初九日，风更大了。十四日，风更大了。

宋、卫、陈、郑四国都发生了火灾。梓慎登上大庭氏的库房眺望，说："宋、卫、陈、郑都起火了。"几天之后，各国都来报告火灾。

禆灶说："不信我说的话，郑国又将有大火。"郑国人请求按照他的话去做，子产不同意。子太叔说："玉器可以保民，如果发生火灾，则国家近乎灭亡。玉器可以拯救危亡，您有什么舍不得呢？"子产说："天道邈远，人道切近，两者并不关联，如何能够知道？禆灶怎么知道天道？他也不过是预测得多了，哪能没有几条说中的呢？"因此没有祭神，火灾也没有再发生。

晏婴论和与同

【解题】

《论语·子路》有言："君子和而不同，小人同而不和。"在人际交往中，君子能保持与他人的和谐关系，但在具体问题上不必处处苟同对方。小人则恰恰相反。试想如果别人说一，你就不敢说二，如此做人，岂不太过乏味？

在本文中，晏子与孔子不谋而合，从调羹和音乐的角度，生动地将"同"与"和"的迥异之处加以剖析。如今看来，晏子的分析何其精辟。

　　齐侯至自田，晏子侍于遄台^①，子犹^②驰而造焉。公曰："唯据与我和夫！"晏子对曰："据亦同也，焉得为和？"公曰："和与同异乎？"对曰："异。和如羹焉，水、火、醯、醢^③、盐、梅，以烹鱼肉，燀^④之以薪，宰夫和之，齐之以味，济其不及，以洩其过。君子食之，以平其心。君臣亦然。君所谓可而有否焉，臣献其否以成其可；君所谓否而有可焉，臣献其可以去其否。是以政平而不干^⑤，民无争心。故《诗》曰：'亦有和羹，既戒既平。鬷嘏无言，时靡有争。'先王之济五味，和五声也，以平其心，成其政也。声亦如味，一气、二体、三类、四物、五声、六律、七音、八风、九歌，以相成也；清浊、小大、短长、疾徐、哀乐、刚柔、迟速、高下、出入、周疏，以相济也。君子听之，以平其心。心平，德和。故《诗》曰：'德音不瑕。'今据不然。君所谓可，据亦曰可；君所谓否，据亦曰否。若以水济水。谁能食之？若琴瑟之专一，谁能听之？同之不可也如是。"

【注释】

　　①遄（chuán）台：齐国地名，在今山东临淄附近。

　　②子犹：梁丘据。

　　③醯（xī）、醢（hǎi）：醯，醋。醢，用肉做的酱。

　　④燀（chǎn）：烧煮。

　　⑤干：触犯，违背。

　　齐景公打猎归来，晏子在遄台侍候，梁丘据也驾车赶来。齐景公说："只有梁丘据同我和谐啊！"晏子回答说："梁丘据不过是相同罢了，如何能称得上和谐？"齐景公说："和谐与相同，有区别吗？"晏子回答说："有区别。和谐如同调羹，要用水、火、醋、酱、盐、梅来烹调鱼肉，用柴火烧煮，厨师来调和，让味道适中，不够入味时就添加调料，过于入味时就减少调料。君子吃了这种肉羹，可以心平气和。君臣也是这样。君王认为正确，实际却有错误的地方，臣子指出错误，让正确的地方更加完善；君王认为错误，实际却有正确的地方，臣子指出正确，去除错误的地方。这样政治就会平和不违背礼仪，百姓没有争斗之心。因此《诗经》说：'有调和得很好的羹汤，味道适中平和，神明没有指责，上下和睦不争。'先王让五味调和，五声和谐，来平和他的内心，完成他的政令。声音如同味道，是由一气、二体、三类、四物、五声、六律、七音、八风、九歌相辅相成；是由清浊、小大、短长、疾徐、哀乐、刚柔、迟速、高下、出入、周疏相互周济。君子听它来平静内心，内心平静，德行就会和谐。因此《诗经》说：'有德的声音没有瑕疵。'如今梁丘据却不是这样。君王认为正确的，他也说正确；君王认为错误的，他也说错误。如同用水来调和水，谁愿意吃这种羹？如同琴瑟只发出一种声音，谁愿意去听？不应当相同的道理就是这样。"

子产论为政宽猛

【解题】

水能载舟，亦能覆舟，如何掌握法度的宽严，是历代统治者面临的共同难题。

子产临终时，对继任者详细讲述了宽以待民和严刑峻法的利与弊。无奈继任者并不能很好地理解子产的遗嘱。孔子听说后，方才点明宽严相济是循环相生之道。

能全面地看待问题，便是两位惺惺相惜的智者最可贵的地方。

【原文】

郑子产有疾，谓子大叔曰："我死，子必为政。唯有德者能以宽服民，其次莫如猛。夫火烈，民望而畏之，故鲜死焉；水懦弱，民狎①而玩之，则多死焉，故宽难。"疾数月而卒。

大叔为政，不忍猛而宽。郑国多盗，取②人于萑苻之泽。大叔悔之，曰："吾早从夫子，不及此。"兴徒兵以攻萑苻之盗，尽杀之，盗少止。

仲尼曰："善哉！政宽则民慢③，慢则纠之以猛；猛则民残，残则施之以宽。宽以济猛，猛以济宽，政是以和。《诗》曰：'民亦劳止，汔可小康；惠此中国，以绥四方。'施之以宽也。'毋从诡随④，以谨无良；式遏寇虐，惨不畏明。'纠之以猛也。'柔远能迩⑤，以定我王。'平之以和也。又曰：'不竞不绿⑥，不刚不柔，布政优优，百禄是遒⑦。'和之至也。"及子产卒，仲尼闻之，出涕曰："古之遗爱也。"

【注释】

①狎（xiá）：轻视。

②取：通"聚"，聚集。

③慢：怠慢，无视法纪。

④诡随：狡诈行骗的人。

⑤柔远能迩：怀柔远方，同近处一样。能，通"如"。

⑥不竞不绿（qiú）：不竞争不急躁。

⑦遒：聚集。

【译文】

郑国的子产生病了，对儿子太叔说："我死后，你必然会执政。只有有德的人才能用宽大的政策让人民信服，其次是用严厉的政策。就像烈火，人民望而生畏，因此少有被烈火烧死的；水柔弱，人民轻视而在其中嬉戏，就有很多淹死的，因此宽大更加困难。"子产生病数月就死去了。

太叔执政，不忍心用严法而用了宽大的政策。郑国多盗贼，在崔苻泽聚集。太叔后悔了，说："我早听从父亲的话，就不会到现在这地步。"他派步兵攻打崔苻泽的盗贼，杀光了他们，盗贼之风才稍微收敛起来。

孔子说："好啊！政令宽大则百姓怠慢，怠慢就用严法来纠正；政令严苛则百姓受到残害，受到残害就用宽大的政令来对待。用宽大调剂严苛，用严苛来调剂宽大，政治就和谐了。《诗经》说：'人民已经很劳苦，大概应该稍微让他们安康一些；赠恩惠给中原各国，来安定四方。'这是用宽大政令来对待。'不要放纵狡诈的人，来告诫坏人；镇压暴虐作乱的人，因为他们不畏惧法律。'这是用严法来纠正。'怀柔远方，同近处一样，就能安定我王。'这是说用调和来安定国家。又说：'不竞争不急躁，不刚不柔，政令宽和，各种福禄都会聚集。'这是和谐的最高境界。"等子产死了，孔子听说后，流泪说："子产有古人仁爱的遗风啊。"

鱄设诸刺吴王僚

【解题】

公子光的父亲是吴王诸樊。诸樊有三个弟弟：大弟余祭，二弟夷，三弟季子札。诸樊知道三弟季子札贤，故不立太子，把王位依次传给三个弟弟，想最后把国家传到季子札手里。诸樊死后，传余祭；余祭死，传夷；夷死，当传给季子札；季子札不肯受国，归隐山林。吴人最终立夷之子僚为吴王。公子光心怀不满，便偷偷养了猛士鳣设诸（即专诸），伺机夺取王位。一场惊心动魄的刺杀即将展开。

本文用大量篇幅描写了吴王为防备刺杀所做的充分准备，从侧面衬托出专诸藏剑鱼腹的巧妙和刺杀吴王的勇猛。

【原文】

吴子欲因楚丧①而伐之，使公子掩余、公子烛庸帅师围潜。使延州来季子聘于上国，遂聘于晋，以观诸侯。

吴公子光曰："此时也，弗可失也。"告鳣设诸曰："上国有言曰：'不索。何获？'我，王嗣也，吾欲求之。事若克，季子虽至，不吾废也。"鳣设诸曰："王可弑也。母老、子弱，是无若我何？"光曰："我，尔身也②。"

夏四月，光伏甲于堀室③而享王。王使甲坐④于道及其门。门、阶、户、席，皆王亲也，夹之以铍⑤。羞者献体改服于门外，执羞者坐行⑥而入。执铍者夹承之，及体，以相授也。光伪足疾，入于堀室。鳣设诸置剑于鱼中以进，抽剑刺王，铍交于胸，遂弑王。阖庐⑦以其子为卿。

【注释】

①楚丧：昭公二十六年（前516），楚平王去世。

②我，尔身也：我，就相当于你。公子光表示接受专诸的托孤。

③堀室：地下室。

④坐：待在。

⑤铍（pī）：剑。

⑥坐行：用膝盖前行。

⑦阖庐：即公子光，他即位后改名阖庐，亦作阖闾。

【译文】

吴王想要趁着楚国办丧事的机会攻打它，派公子掩余、烛庸率军包围了潜地。派季札到中原各国访问，与晋国结好，来观察诸侯。

吴公子光说："这是个机会，不能失去啊。"告诉专诸说："中原国家有句话说：'不索取，怎能得到？'我，是王位继承人，我要得到王位。如果事情办成，季札纵然回来，也不能废掉我。"专诸说："吴王可以杀，但我的母亲年老，儿子幼小，如果没了我怎么办？"公子光说："我，就如同你一样。"

夏天四月，公子光在地下室埋伏了甲士，宴请吴王。吴王让甲士布满道旁直到公子光门前，门口、台阶上、内室、酒席前，都是吴王的亲兵，执剑而立。上菜的人在门外脱光，改换衣服，端菜的人用膝盖前行进入，甲士们夹着他，剑尖快要触碰到身体，然后才能上菜。公子光假装脚病，躲进地下室。专诸将宝剑放在鱼肚子中进奉，抽出宝剑刺向吴王，自己被甲士的剑刺穿胸膛，但也杀了吴王。阖闾让专诸的儿子做了卿士。

卷十一　定公

（元年—十五年）

申包胥如秦乞师

【解题】

本文讲述了申包胥为拯救国家危亡，在秦庭连哭七日七夜，最终求得救兵的故事。

申包胥本是楚国的一位忠贞大夫，与伍子胥交好，伍子胥逃难前，申包胥知道他会复仇。申包胥没有为国家杀掉好友，也没有为好友背弃国家。而是在鼓励好友的同时，站稳自己的立场："子能复之，我必能兴之。"最终，申包胥兑现前言，拯救了楚国。这份坚定和洒脱，真乃国士之风！

【原文】

初，伍员与申包胥友。其亡也，谓申包胥曰："我必复[①]楚国。"申包胥曰："勉之！子能复之，我必能兴之。"及昭王在随，申包胥如秦乞师，曰："吴为封豕、长蛇，以荐[②]食上国，虐始于楚。寡君失守社稷，越[③]在草莽，使下臣告急，曰：'夷德无厌，若邻于君，疆埸之患也。逮[④]吴之未定，君其取分[⑤]焉。若楚之遂亡，君之土也。若以君灵抚之，世以事君。'"秦伯使辞焉，曰："寡人闻命矣。子姑就馆，将图而告。"对曰："寡君越在草莽，未获所伏⑥，下臣何敢即安？"立，依于庭墙而哭，日夜不绝声，勺饮不入口七日。秦哀公为之赋《无衣》。九顿首而坐。秦师乃出。

【注释】

①复：颠覆。

②荐：屡次。

③越：流亡。

④逮：趁着。

⑤取分：与吴国共分楚国。

⑥未获所伏：没有得到安身的住处。

【译文】

起初，伍子胥和申包胥是好友，伍子胥逃亡的时候，对申包胥说："我一定颠覆楚国。"申包胥说："加油吧，你能颠覆楚国，我就能复兴楚国。"等楚昭王逃到随国时，申包胥进入秦国乞求援军，说："吴国如同大猪、长蛇一般，总是吞食上国。祸乱从楚国开始。我们国君丢掉国家，流亡在草莽之中，派我告急说：'夷人贪得无厌，如果成为您的邻国，是秦国边境的祸患。不如趁着吴国还没平定楚国，您来分一杯羹。如果楚国灭亡了，这就是您的土地。如果凭借国君的威灵安定楚国，我们会世世代代侍奉您。'"秦伯派人婉言谢绝，说："你姑且在客栈休息，我们商议后告诉你结果。"申包胥回答说："我们国君在草莽流亡，还没有栖身之处，我岂敢安逸地休息？"于是他站立着，靠着院墙大哭，哭声日夜不绝，七天没有喝过一勺水。秦哀公为他诵了《无衣》。申包胥叩头九次才坐下，秦军就出兵了。

吴越槜李之战

【解题】

春秋末年，楚国南边的吴国渐渐兴起。吴王阖闾任用伍子胥、孙武，使吴国强盛起来。而吴国的邻居越国不甘落后，在勾践的带领下也逐渐崛起，与吴国形成分庭抗礼之势。

本文所讲述的槜李之战，是吴越争霸中的一场关键战役。吴王阖闾在此役阵亡，夫差为报父仇，让人立在庭院中提醒自己。这份决心和毅力，奠定了日后吴国战胜越国，俘虏勾践的基础。

【原文】

吴伐越。越子句践①御之，陈于槜李②。句践患吴之整也，使死士再禽焉，不动。使罪人三行，属剑于颈，而辞曰："二君有治^③，臣奸旗鼓^④，不敏^⑤于君之行前，不敢逃刑，敢归死。"遂自刭^⑥也。师属之目，越子因而伐之，大败之。灵姑浮以戈击阖庐，阖庐伤将指，取其一屦。还，卒于陉，去樵李七里。夫差使人立于庭，苟出入，必谓己曰："夫差！而忘越王之杀而父乎？"则对曰："唯，不敢忘！"三年，乃报越。

【注释】

①越子句践：即越王勾践，允常之子，于鲁定公十四年（前496）即位。

②樵（zuì）李：越国地名，在今中国浙江省嘉兴市一带。

③治：治军打仗。

④奸旗鼓：触犯军令。

⑤不敏：无能。

⑥刭（jǐng）：用刀割颈。

【译文】

吴国进攻越国，越王勾践抵抗吴军，在樵李摆开阵势。勾践担心吴军军势严整，就派敢死队两次冲击，吴军阵脚不动。又派犯人排成三行，用剑架在脖颈上，对吴军说："两国国君交战，我们触犯军法，在国军面前无能，不敢逃避刑罚，自求赴死。"于是就自杀了。吴军都注目观看，越王趁这个时机进攻，大败吴军。灵姑浮用戈矛击中吴王阖闾，吴王的脚趾受伤，灵姑浮得到他的一只鞋。吴王回去后，在陉地死去，距离槜李有七里地。夫差派人立在庭院中，只要他出入，就对他说："夫差，你忘记越王杀你父亲了吗？"夫差说："是，不敢忘！"三年之后，就向越国报了仇。

卷十二　哀公

（元年—二十七年）

伍员谏许越平

【解题】

春秋末期，吴越争霸，吴王阖闾在槜李之战中阵亡。夫差立志复仇，在夫椒山之战中打败越军，将越王勾践逼到了万劫不复的境地。

勾践采用了范蠡的计谋，派人讨好吴国重臣——贪财好色的太宰伯嚭，以他为突破口，向吴国求和。伍子胥心怀远见卓识，看穿了越王的计谋。他以古证今，用夏后相复仇的故事警醒夫差，无奈夫差不听，答应同越国讲和。后来果然如同伍子胥所料，勾践卧薪尝胆，最终灭掉了吴国。

【原文】

吴王夫差败越于夫椒，报槜李也。遂入越。越子以甲楯①五千保于会稽，使大夫种因吴大宰嚭②以行成。吴子将许之。伍员曰："不可。臣闻之：'树德莫如滋，去疾莫如尽。'昔有过浇杀斟灌以伐斟鄩③，灭夏后相。后缗④方娠，逃出自窦，归于有仍，生少康焉。为仍牧正，惎⑤浇能戒之。浇使椒求之，逃奔有虞，为之庖正，以除其害。虞思于是妻之以二姚，而邑诸纶。有田一成，有众一旅⑥。能布其德，而兆其谋，以收夏众，抚其官职。使女艾谍浇，使季杼诱豷⑦，遂灭过、戈，复禹之绩，祀夏配天，不失旧物⑧。今吴不如过，而越大于少康，或将丰之，不亦难乎？句践能亲而务施，施不失人，亲不弃劳。与我同壤，而世为仇雠。于是乎克而弗取，将又存之，违天而长寇仇，后虽悔之，不可食已。姬之衰也，日可俟也。介在蛮夷，而长寇仇，以是求伯，必不行矣。"弗听。退而告人曰："越十年生聚，而十年教训⑨，二十年之外，吴其为沼乎！"三月，越及吴平。

【注释】

①甲楯（dùn）：带甲的士兵。楯，同"盾"。

②嚭（pǐ）：伯嚭，吴国太宰，楚国人。

③斟灌、斟鄩（xún）：夏的同姓诸侯。

④后缗（mín）：夏后相的妻子，有仍氏的女儿。

⑤惎（jì）：忌恨。

⑥有田一成，有众一旅：方圆十里为一成，五百人为一旅。

⑦豷（yì）：浇的弟弟，戈国国君。

⑧旧物：指的是夏朝原来的典章制度。

⑨教训：教育和训练。

【译文】

吴王夫差在夫椒打败越国，报了檇李之战的仇。接着进入越国。越王勾践率领五千甲士退到会稽山，派大夫文种依靠吴国太宰伯嚭，同吴国求和。吴王将要同意，伍子胥说："不可以同意。臣听说：'树立德行越多越好，祛除疾病越彻底越好。'以前过国的国君浇杀了斟灌，又攻打斟鄩，灭了夏后相。夏后相的妻子后缗正怀孕，从墙洞逃出，回到有仍国，生了少康。少康后来担任有仍国的牧正，忌恨浇又提防他。浇派椒去抓少康，少康逃到有虞国，担任庖正，来躲避浇的迫害。有虞国的国君虞思把两个女儿嫁给少康当妻子，并把纶地封给了他。少康的土地方圆十里，士兵五百人。他广布德行，开始谋划报仇，收回夏国的旧部，封给他们官职。派女艾到浇那里做间谍，派季杼引诱浇的弟弟豷，终于灭了过、戈两国，恢复了夏禹的功绩，延续夏朝香火，祭祀上天，没有失去夏朝从前的制度。现在吴国不如过国，越国却比少康强大，如果让越国更加强大起来，不就是灾难吗？勾践能爱护、施舍百姓，施舍就不会失去民心，爱护就不会背弃有功之臣。越国与我们接壤，又世代结仇。像这样打败它却不灭掉它，反要保存它，是违背天命而助长仇敌，之后即使后悔，也不能消灭它了。吴国衰亡日子不远了。我们地处蛮夷，却助长仇敌，用这方法来谋求称霸，一定不能成功。"吴王不听。伍子胥退出来后对人说："越国用十年休养生息，用十年教育训练军队，二十年之后，整个吴国都会变成破败的沼泽！"三月，越国与吴国讲和。